서랍에 넣어둔
나를 찾았습니다

서랍에 넣어둔 나를 찾았습니다

초판 1쇄 | 2023년 11월 17일 펴냄

지은이 | 이은숙

표지일러스트 | 김애영

북디자인 | 루디아153

펴낸 곳 | 도서출판 훈훈
주소 | 경기도 고양시 덕양구 소원로267
이메일 | toolor@hanmail.net
홈페이지 | blog.naver.com/toolor
인스타그램 | @hunhun_hunhun

가장 자연스러운 삶을 꽃피워주는
코칭메신저 꿈달코치가 전하는
나만의 빛을 내는 법

서랍에 넣어둔
—
나를 찾았습니다

글쓴이

이은숙

흔흔

난 늘 책을 가까이 하는 사람을 동경했다.

초등학교 6학년부터 고등학교 시절까지 한 침대를 썼던, 11살 차이 나는 우리 막내고모가 그러했고 내 주변 친구 몇 명은 늘 가방 속에, 혹은 주변에 책을 자연스레 놓고 읽곤 했다. 그 모습이 나는 신기하기만 했다.

게다가 가장 싫어하는 숙제가 독후감 쓰기여서 방학 때마다 친구네 집에 있던 비싼 전집 뒤에 부록으로 적혀 있던 독서감상문을 적절히 베껴 쓰던 나였다. 그렇게 난, 책과 도대체 가까워지기 어려웠지만 누군가 책을 읽는 모습은 멋져 보여 부러워만 했다. 그러던 내가 나이 마흔 살에 '도대체 나란 사람이 누구인지?' 서랍 속에 있던 나를 꺼내 다시 친해져보기로 마음먹은 후 가장 처음 실천해 보고자 했던 것이 한 주에 책 2권을 읽는 것이었다. 그런데 아뿔사! 그 주에 내가 세 권을 읽어버렸다. 무려 세 권을!

그리고 깨달았다. 아, 나는 책을 싫어하는 사람이 아니라 무슨 책을 읽어야 할지 몰라 아예 엄두를 내질 못했구나! 그 이후 꾸준히 집에 책 택배가 오기 시작했고 코칭 공부를 시작하면서 그와 관련된 책들이라면 각 잡고(폼 잡고) 읽어 내려갔다.

이전의 나는, 적당히 긍정적이고 주변에 좋은 사람들이 많아서 '이 정도면 나름 성실히 잘 살아가는 편'이라고 자부했다. 그러나 정작 혼자일 때의 나는 그리 건강하지 못했다. '나 자신과 무엇을 하며 지내야 하는지' 전혀 알지 못해 늘 사람들을 곁에 두려 애쓰며 살았던 것이다. 그러면서 마음 한켠에 자리잡은 '진짜 내가 원하는 게 무엇일까'에 대한 질문은 철저히 무시했다. 이 정도면 감사한 것이 많다고 스스로 타협하며 지냈다. 목적이 있는 삶이 무엇인지 궁금했지만 그걸 찾기 위한 과정은 거부하고 싶었다.

하지만 철저히 막히는 현실의 상황 덕분에 난 어쩔 수 없이 새로운 돌파구를 찾기 위해 주변을 탐색하는 것이 아니라 나를 탐색하는 것을 선택했다. 아니 그땐 선택했다기보다 그런 상황에 내몰렸다는 것이 맞는 표현일 것 같다. 그렇게 책을 통해, 사람을 통해, 점점 뾰족하게 '내가 원하는 것이 무엇인지' 나에게 질문하며 몇 년을 지내왔다.

내가 바라는 삶을 살기 위해서는 한 번도 상상해보지 않았던 대학원에 진학해 공부를 하고 논문을 써야 했고 논리수학 지능이 제로에 가까웠던 나는 논문피드백을 받는 시점에 맹장수술을 받을 정도로 스트레스를 받았다. 하지만 결국 오타 하나 없는 논문을 완성해냈다. 와우!

그리고 지금 여러분이 손으로 들고 있는 책, 즉 내 이름이 박힌 책이 나오게 되는 기적 같은 일이 생겼다. 내가 목적이 없어서 책을 읽지 않았다는 걸 깨닫고 난 후 5년 만에 일어난 일이다. 삶의 목적을 스스로 결정하고 나니 가는 곳, 만나는 사람, 보고 듣는 것들이 달라졌다. 나 혼자만의 시간에 나만의 목적을 위해 무언가에 몰입하는 것이 소중해졌다. 그러니 전처럼 많은 사람을 만나지 않아도 훨씬 삶에 대한 만족도가 올라갔고 내 에너지를 잘 조절할 수 있게 되었으며 무엇보다 나의 이야기를 통해 누군가의 삶에 도움이 되는 순간들이 많아지게 되었다.

이 책에 담은 이야기들은, 살면서 한 번이라도 무언가에 몰입하는 재미와 열정을 느껴보지 못해 아쉬움이 있는, 그리고 그런 순간을 동경하는 독자에게 도움이 될 것이라 믿는다. 내 삶을 인증해가며 많은 노력을 하며 살아가고 있지만 헛헛함이 순간순간 나를 사로잡고 있다면, 보이는 부분에 대한 노력보다 보이지 않는 마음의 영역에 어떤 모니터링이 필요한지 알게 될 것이다.

내가 가장 자연스러운 삶을 꽃피워주는 코칭메신저로 살아가는 데 있어 아낌없는 등짝스매싱과 지지를 아끼지 않는, 세상에서 가장 사랑하는 친절한 군자씨와 눈썹미남 재호씨, 강아지별에서 나의 활약을 행복하게 지켜보고 있을 나의 강아지 봄이에게 깊은 감사를 전한다. 나의 강의와 삶의 태도에 결정적인 나침판이 되어주시는 메신저 고형욱 목사님, 나의 코칭 스승님이자 유쾌한 멘토이신 사하라 조르바님과 흐름님, 온라인 세상에서 만났지만 온오프를 넘나들며 내 꿈을 지지해주고, '기어코' 나로 하여금 살아가게 해주는 온라인 홍보대사님들이신 인친님들에게 감사를 전한다. 그리고 결정적인 순간에 나와 연결되어 함께 책을 위한 인터뷰를 나누었던, 그러나 결과적으로 온갖 수다를 더 많이 나누었던 소재웅 대표님에게 감사를 전한다.

마지막으로, 나에게 꿈을 꾸게 해주고 그것을 이뤄가는 힘을 주시는 하나님께 이 책을 드리고 싶다.

이 책을 읽는 수많은 서랍 속의 내가
비로소 나와 마주하고 나만의 빛나는 별을 발견하여

각자만의 고유한 빛을 내며 살아가는 순간들을,
곳곳에서 마주치길 기대하며…

2023년 11월
꿈달 코치 이은숙

contents

contents

contents

contents

꿈달 코치를 소개합니다

저는
"가장 자연스러운 삶을 꽃피워주는"
이은숙 코치입니다.

"

제 삶의
여정은 말이죠…

"

서랍에 넣어둔 나를 찾았습니다

소재웅(이하 '소 작가'로 표기)_ 쑥스러우시겠지만, 간략하게 자기소개 한번 해 주시죠(웃음).

이은숙(이하 '꿈달'로 표기)_ 저는 가장 자연스러운 삶을 꽃피워주는 코칭 메신저로 살고 있는 이은숙이고요. 온라인에서는 '꿈달코치'라는 이름으로 활동하고 있습니다. 성장과 변화를 필요로 하시는 분들과 일대일 라이프 코칭도 하고, 학부모님, 교사분들, 청소년들과 인성, 소통, 진로수업을 진행하고 있습니다. 교회에서는 공동체 프로그램도 진행하고 있고요. 그리고 제가 프로그램을 직접 기획해서 온라인으로도 그룹코칭, 워크숍, 특히 마음에 관련된 작업들을 주로 하고 있습니다.

그 중 메인 강의는 <5가지 사랑의 언어 강의>가 아닐까 싶네요.

소 작가_ 코칭님 소개를 듣다 보니 궁금한 게 떠올랐습니다. "삶을 꽃피워준다"는 건 일단 어떠한 이미지가 그려지는데요. 그 앞에 '자연스러운'이라는 형용사가 들어간 이유가 특별히 있을까요?

꿈달_ 예, 사람들은 누구나 자기 부모님으로부터 혹은 주위를 둘러싼 환경으로부터 영향을 받으면서 살게 되잖아요. 사람들은 보통 그게 자신에게 가장 자연스럽다고 생각하며 계속해서 살아가는 것 같아요. 어쩌면 '관성적으로' 살아가는지도 모르죠. 사실 저도 그랬고요. 그러나 어떠한 계기로 자기 안의 성찰이 일어났을 때, 불현듯 올라오는 생각이 있어요.

'진짜 내가 원하고 바라는 모습은 이게 아냐!'

지금껏 살아온대로 '이게 맞아!'라고 생각하며 사는 게 아니라 '정말한 존재가 가진 본연의 모습 그대로', '자기가 둘러싸여 살아왔던 환경과' 관계없이 어떻게 살아갈 때 가장 자연스럽고 빛나 보이는 삶을 살 수 있을지, 그런 부분에 대해 깊이 고민해왔어요. 그 고민의 결과가 '자연스러운'이라는 형용사일 수 있겠죠.

소 작가_ 예, 이제 '자연스러운'이란 형용사의 정체를 알겠네요(웃음).

꿈달_ 조금 거창하게 말하자면, 내가 살아온 익숙한 방식이 아니라 '한 존재가 왜 이 지구별에 왔는지', 그가 가진 본연의 자연스러운 모습 그대로 살게끔, 그 모습을 거울에 비춰주고 싶다는 저의 열망이 담긴 형용사라고 보시면 될 듯합니다. 누구나 그렇잖아요. 정말 나에게 잘 어울리는 옷을 입으면 자연스러워지고 그 옷에 어울리는 존재로 행동하게 되니까요.

저 스스로가 그 부분을 마흔 살부터 깊이 고민하기 시작했고 새로운 경험들을 하며 살고 있어요. "감기와 사랑은 감출 수 없는 것"이라고 했던 어느 문구처럼, 제가 경험한 것들을 저도 모르게 주변에 목소리 높여 이야기하다 보니 예상하지 못한 역할들(강의, 코칭 등등)을 하며 살고 있습니다. 그렇게 스스로 행복해하며 살아가고 있는 저를 보며 주변에서 "너무 잘 어울린다"고, "반짝반짝해졌다"고 얘기해 주시는걸 보면 이건 진짜인 것 같아요.

소 작가_ 한편, 내가 무언가를 강력하게 추구하고 사람들한테 그 가치를 알린다는 뜻은 '그렇게 살지 못해왔기에 후회와 어떤 아쉬움이 있다'는 뜻이기도 하잖아요. 그런 의미에서 '자연스럽다'라는 형용사를 그렇게 가슴에 탁 쥐게 된, 어떤 계기를 나눠주시면 좋을 듯합니다.

꿈달_ 흠, 저는 학창시절부터 주변에 사람들이 많은 편이었고, 저 스스로 '인간관계를 되게 잘 맺는다'라고 자부하며 살아왔거든요. 저를 두고 사람들이 던지는 "사람 부자"라는 이야기도 엄청난 칭찬으로 여겼어요.

그런데 주변 사람들이 결혼도 하고, 또 자연스럽게 세월이 흘러 영원할 것 같았던 인연들과 멀어지면서 혼자 있는 시간들이 좀 많아지다 보니 '내가 인간관계에 굉장히 인위적인 노력을 기울여서 지금까지 유지해왔다'는 걸 알게 됐죠. 제가 좋은 사람이고 사람들의 마음을 잘 헤아려 주는 사람이어서 잘 챙겨주며 관계를 맺었다고 착각을 했는데 저 스스로가 코칭을 받아보니, 제 안에 있던 아주 깊숙한 외로움 때문에 살아남기 위해 선택했던 방법이었다는 걸 알게 된 거예요. 저로선 그게 굉장히 충격적이었거든요. 반복되는 원인 모를 피부 질환도 15년 넘게 지속되고 15년 넘게 다니던 회사에 더 이상 비전이 보이지 않게 되며 그 길이 곧 닫히겠다고 느껴질 무렵 떠오른 질문이 이거였어요.

"그렇다면, 진짜 내가 원하는 관계는 무엇일까, 사람들에게 의지하지 않고 진짜 내가 하고 싶고, 또 할 수 있는 일은 뭐가 있을까?"

그렇게 진짜 내가 좋아하는 일들을 찾아가기 시작했어요. 자연스럽게, '해야 한다'는 에너지와 '나 진짜 이거 하고 싶다'라는 에너지는 차원이 다르다는 걸 몸소 경험했죠. 코칭을 받으며 맨 먼저 나와의 관계를 다시 맺기 시작했어요.

소 작가_ 예, 코치님 이야기를 듣다 보니, 알 것 같아요. 한편 이런 의문도 듭니다. 그렇다고 해서 '코치님의 이전 삶을 두고 단순히 부자연스럽다고 과연 얘기할 수 있을까'라는 의문이에요. 왜냐하면 그것 역시 코치님의 환경 속에서 코치님 안에 있던 어떠한 부분이 자연스럽게 표현된 것이었을 테니까요. 오히려 코치님의 이전 삶은 '비교적 자연스럽지 않았던 삶', 지금은 '자연스러운 삶'이라는 이름표를 붙여놓은 느낌도 드는게 사실이거든요. 즉, 단순히 지금 삶은 좋고 이전 삶은 나쁘다가 아니라 이전의 삶에 비해 지금의 삶을 스스로 만족스러워 하신다는 것.

그렇게 봐도 괜찮을까요?

꿈달_ 좀 더 정확히 표현하자면 그 전의 삶이 부자연스럽다기보다 그냥 익숙한 대로 살았다고 봐야겠죠. 내 몸에 배인 습관대로, 자동적으로 올라오는 생각대로 그냥 '그게 맞다'라고 생각하며 살았던 것 같아요. 내 안을 들여다보기보다 계속 바깥에 레이더를 두고 관계에 집중했던 거죠.

물론 저 사람이 어떤 사람이고 뭐가 지금 저 사람에게 필요한지 파악하는 부분이 저에겐 큰 장점이기도 해요. 그러나 아까 말씀하신 대로 그건 제게 주어진 재능이기도 하지만, 나의 건강하지 못한 에너지에서 그것이 발산됐을 때는 남들에게도 불편함이 될 수 있겠더라고요. 그때는 도대체 내가 이렇게 잘하고 노력하는데 왜 관계에 문제가 생길까 싶어 엄청난 스트레스를 받았죠. '내 방식대로만 하면서 모두에게 사랑받고 싶다', 이게 제 깊은 마음이었던 것 같아요. 그게 말도 안되는 생각이란 걸 이제는 너무 당연하게 받아들이고 있지만요(웃음).

다른 사람의 삶에 관심을 가지고 조금 더 예민하게 그 사람이 필요한 게 뭔지 들여다보고 감정을 알아준다는 점에서, 표면적으론 예전이나 코치로 사는 지금이나 비슷한 부분이 많죠. 그러나 지금은 제 안의 에너지가 달라졌기 때문에 단순히 제 안의 결핍을 채우려는 게 목적이 아니에요. 우선 '지금 나에게 필요한 게 뭐지? 내가 뭘 원하고 있지?'를 고민하며 나를 건강하게 만들고 다른 사람들에게도 기여할 수 있는 방법을 찾는 것 같아요.

소 작가_ 방금 말씀하신 부분은 매우 중요한 포인트 같아요. 얼핏 보기엔 비슷해 보여도 '내 안의 결핍을 채우려는 것'과 '내가 정말 무엇을 원하는지를 깊이 들여다보는 것'은 큰 차이가 있다고 보거든요.

꿈달_ 맞아요. 예를 들어 예전에는 저의 지인이 저에게 부탁하지 않아도 SNS를 통해 알게 되거나 들려오는 얘기에 '지금 뭐가 필요하겠다' 이런 식으로 먼저 뭔가 제공해 주고 만남을 요청하는 역할을 했던 것 같아요. 그러나 지금은 그런 것이 보여도 모른 척할 때가 많죠. 저는 오히려 이렇게 '마음이 저절로 가는 것과는 다른 방향으로 가는 연습'이 필요했던 셈이에요. 반드시 '내'가 도와주지 않아도 저 사람 스스로 해결할 수도 있고 제가 아니더라도 다른 분들이 또 그렇게 도움을 줄 수도 있다는 것. 그게 저에겐 꽤 고된 연습이었어요(웃음).

어떻게 보면 지금껏 한 존재를 충분히 존중하지 않은 거죠. 한 존재 안에 있는 여러 강점과 에너지가 있을 텐데 내가 그걸 해결해줌으로써 내가 드러나게 하고 싶었던 제 욕심이 컸으니까요. 아마 제가 더 나은 사람이라고 착각했던 것 같아요. 거꾸로 얘기하면 제가 그런 도움이 필요했기에 다른 사람에게 그런 형식으로 계속 다가갔던 거겠죠. 다른 사람들에게 저는 알아서 잘하는, 외동 같지 않은 야무진 사람으로 인식되어 있었기에 도움을 요청하는 방법도 몰랐고 제 안에 그런 도움이 필요하단 것도 아주 나중에 알게 되었거든요. 그래서 몸도 아팠던 것 같고요. 지금은 보시다시피 피부 좋단 말까지 듣는 답니다(웃음).

이제는 상대방이 도움을 요청하면 제가 할 수 있는 방법 안에서 최선을 다해서 도와주려고 하는 걸로 변한 것 같아요. 그랬을 때 상대방도 만족도가 크고 저도 '누군가의 삶에 기여했다'라는 생각에 자존감이 올라가니 서로가 긍정적인 관계로 이어지더라고요. 수치로 표현하자면, 오히려 100을 할 수 있는 것을 한 70 정도로 끌어내리는 작업들을 하면서

서랍에 넣어둔 나를 찾았습니다

조금 달라진 부분들이 있는 것 같아요.

소 작가_ 조금 전에 말씀하신 표현이 저는 참 좋네요. 익숙한 대로 살아가는 것이 아니라 익숙하지 않은 방식을 택하고 또 그 방식이 나한테 알고 보니 충분히 살아낼 수 있을 만한 방식이었던 거고, 익숙했을 땐 몰라서 그게 최선인 줄 알았는데, 베스트의 삶이 따로 나한테 있었다는 것을 발견하신 거잖아요.

또 어쩌면, 코치님이 기존에 갖고 있던 재능을 더 잘 사용하게 된 것이 아닌가 싶네요. 사실 지인들의 SNS를 봐도 그냥 '그렇게 사는가보다' 하고 넘어가는 사람들도 있잖아요. 그런데 어떻게 보면 코치님은 그 행간에 느껴지는 그 사람의 필요를 좀 보실 수 있는 눈이 있으셨던 거겠죠. 그런데 예전보다 더 이제는 시의적절하게 그것에 마음을 주는 법을 훈련하고 계신 거고요.

제가 제대로 표현한 건가요?(웃음)

꿈달_ 맞아요(웃음). 제가 모든 인간관계를 컨트롤할 수 없다는 사실을 이제야 깨달았고요. 이제라도 알게 되어 얼마나 다행인지 몰라요. 제가 아무리 잘해도 열 명 중 몇 명은 나를 미워한다고 하잖아요. 또 다르게 표현하자면, 제가 저를 보는 관점이 달라졌기 때문인 것 같아요. 사실 제가 컨트롤 할 수 있는 건 저 자신 뿐이잖아요. 부모님 같은 경우도, 그분들이 저를 대하는 태도가 크게 달라지진 않았지만 이제 제가 부모님을 대하는 태도가 달라진 거죠. 부모님을 바라보는 관점도 달라졌고요.

엄마, 아빠의 역할뿐 아니라 그 너머에 진짜 한 존재의 인생에 대한 연민도 느끼게 되었죠.

그러니까 뭐랄까요… 너무 과거나 미래에 매여 깊게 생각하지 않고 지금 이렇게 작가님을 온전히 바라보고 '이곳, 지금 이 순간에 어떻게 해야 질적으로 좀 더 풍요로운 대화를 나눌 수 있을까'에 집중을 하는 거죠. 이 사람이 이럴 것이다. 혹은 저럴 것이다. 그 너머에 있는 것까지 제가 미리 걱정하는 부분들이 많이 줄었어요. 불필요한 판단, 평가가 제게 떠오른다는 걸 인식하고 안 하려고 노력하고 있어요.

100% 안 하는 건 불가능하지만요(웃음).

꿈달 코치의 더 깊은 이야기

"야! 우리집 가서 놀자!"

어린 시절 나는 동네골목대장을 자처했던 말괄량이 아이였다. 늘 우리집은 놀러온 친구들로 북적였고, 초등학교 시절에는 토요일마다 친구들을 몰고 와 북적북적한 오후를 보냈더랬다. 그렇게 늘 사람들 사이에서 인싸가 되고 싶어 나대던 애가 바로 나였다.

주사를 맞으라고 하면 맨 앞에 달려나가 의기양양 일등으로 맞고 "우와" 하는 반응에 으쓱하던 키작은 아이였으며, 공부도 사교육 없이 제법 했다. 체육대회 때는 작은 키에 배구 경기 주전으로 나가 뛰어 반을 우승으로 이끌고 합창대회 땐 반주자로 활약했다. 그렇다면 반장은? 당연히 반장이었다. 교회에서의 활약도 꽤나 대단했고, 주변엔 항상 사람이 가득했다. 그게 나의 자랑거리였다.

"넌 외동이 아닌 것 같아"란 말이 나에게는 가장 큰 칭찬이었다.

아마 외동이란 것을 들키고 싶지 않았던 것 같다. 사실 내 내면 깊숙한

story

곳에 있던 외로움을 들키고 싶지 않았다. 내가 외로워한다는 걸 알면 상대 방이 부담스럽게 느낄 것 같았다. 이런 내 마음의 상태를 30대 후반쯤 되어 마음 수업들을 들으며 깨닫게 되었을 때, 엄청난 충격이었다. 그렇게 내 외로움을 채우려 사람들을 내 곁에 두며 많은 에너지를 쓰고 살았던 것이다. 그것이 나도 모르는 스트레스로 스며들어 대학졸업 때쯤부터 불과 5-6년 전까지 얼굴 부위에 심한 아토피를 달고 살았다.

예전에는 그저 나의 외로움을 채우기 위해 주변 사람들에게 안테나를 세우며 그들이 요청하지도 않은 필요를 채우려 애썼다. 한마디로 부담스런 측근이었던 셈이다. 이제는 단단한 내면을 가지고 그들이 요청할 때 기꺼이 함께 발걸음을 내딛을 수 있도록 다가가 주는 사람으로 서있는 것 같다. 나의 재능과 강점은 변함이 없지만 나란 사람의 내면이 달라졌기에 이제 그 재능으로 정말 나와 타인 모두에게 기여할 수 있는 준비가 된 것이다.

앞에서도 언급했듯, 마음의 문제가 해결된 지금은 누구도 이전의 아팠던 내 얼굴을 상상하지 못할만큼 피부가 좋다는 칭찬까지 듣고 있다(웃음).

꿈달 코치가 맞이한 변화의 순간을 나누다

"나 심심해, 외로워,
그러니 나랑 같이 밥먹자."

소 작가_ 자연스럽게 궁금해지네요. 그럼, 지금 코치님에게 이렇게 변화가 온 계기를 좀 나눠주시죠.

꿈달_ 우선 저는 강연 프로그램 보는 걸 굉장히 좋아했고요. 드라마나 영화 같은 데서도 주인공이 무언가 성찰하고 관점이 바뀌는 장면들을 좋아했어요. 특히 영화배우 김태리가 주연으로 나왔던 <리틀 포레스트>가 생각나네요.

주인공이 서울 생활을 하며 힘들어했던 터라, 시골 본가에 내려가서 요리도 하고 친구들도 만나 힐링하면서 지내다가 다시 충전해서 올라가려고 하는데 어릴 적 친구인 류준열이, 서울에 간다 간다 하면서 시골에서 괜히 일을 벌리고 있는 김태리에게 한 마디를 해요. "그렇게 바쁘게 산다고 문제가 해결이 돼?" 이렇게 툭 던지죠. 김태리가 그 말에 '휘청' 해요. '맞다 내가 내 문제들을 회피하고 있었구나'라고 한 방을 얻어맞은 거죠. 그리고 서울로 올라가요. 가장 친한 친구한테 들은 아픈 말이기도 한데, 이제 그게 맞는 거죠. 어쩌면 류준열에게 뼈 아픈 한 마디를 듣고 김태리 삶의 물줄기가 바뀐 것처럼, 저도 그런 계기들이 쌓이고 쌓였던 거겠죠.

서랍에 넣어둔 나를 찾았습니다

소 작가_ 맞습니다, 쌓이고 쌓이는 과정이 어느 순간 물줄기를 바꿔버리기도 하죠.

꿈달_ 그리고 저에게 날아온 가장 강력했던 메시지가 있었어요. 오랜 인연이 있는, 멘토라 생각하는 목사님과 기회가 되어 제가 살아온 시간들을 모니터링 해보는 시간을 가지게 되었거든요. 저는 학창시절부터 소위 말해 반이나 커뮤니티에서 아웃사이더처럼 그늘이 있어 보이는 친구들에게 눈길이 가서 제가 따로 챙기곤 했어요. 그런데 그러한 과정이 아름답게 마무리되지 못했던 부분에 대해서 이야기하게 되었어요. 그런데 목사님께서 "그거 네가 외로워서 그런 거잖아"라고 이야기를 딱! 하시는 거예요.

당시 그 얘기가 저한테 너무 비수처럼 꽂혀서 순간 멍해져 있다가 제가 목사님께 대들었어요. 어떻게 그동안 다 지켜봐 온 목사님이 그런 말을 하실 수 있냐고 따졌죠. 그랬더니 "그거 걔네가 원해서 그런 게 아니고 네가 그렇게 해주고 싶어서, 네가 외로워서 그렇게 챙겨준 거 아니냐" 다시 또 이렇게 이야기를 하시는 거예요. 그런데 그 말이 되게 힘들었거든요. 되게 아팠는데, 그 말이 또 맞더라고요.

목사님의 그 말이 제 안에 스며드는 데 2-3년 걸렸던 것 같아요. 제 안에 외로움이라는 감정을 외면하고 살았다는 걸 알게 됐죠. 그 외로움이야말로 제가 관계를 맺는 가장 큰 동력이었다는 것도요. 그땐 그걸 인지조차 못하고 살았던 것 같아요. 아마 약해 보일까봐, 사랑받지 못하게 될까봐, 두려워서 그랬겠죠. 그걸 인정하고 나니, "그래! 나 외로워. 사람이니 당연히 외로운거지!"라고 외치게 되었어요. "나 심심해, 외로워, 그러니 나랑 같이 밥먹자"라고 말할 수 있게 되었거든요. 인정하고 나니 너무 편해요(웃음).

소 작가_ 그러니까, 어떤 결정적인 한 가지 순간이라기보다는 여러 가지 인격적인 대화를 통해서 혹은 다양한 매체를 통해서 코치님 스스로를 바라보는 관점이 많이 변화가 된 거네요.

꿈달_ 예, 그런데 결정적인 한마디는 그 말이었던 것 같아요. "네가 외로워서 그렇게 했던 거다!" 내가 필요해서, 내가 되게 심심하고 외롭고 지금 뭔가 하고 싶을때 "누구누구야 시간 돼? 만나자" 이렇게 하면 되는데, 마치 그 사람을 위해서 만나는 것처럼 포장을 했던 거죠. 제가 외로워서 만나자고 해놓고 마치 그 사람을 위해서 만난 것처럼 용기 없는 행동을 한 셈이에요. 늘 활발하고 좋은 에너지를 가지고 있고, 나를 만나면 사람들이 좀 힘을 얻고. 또 밥도 잘 사주고, 되게 좋은 언니, 좋은 누나, 이런 이미지를 갖길 원했던 것 같아요.

소 작가_ 예, 코치님. 한편 이런 것도 있지 않나요. 코치님이 스스로의 외로움을 달래기 위해서 관계를 맺었더라도, 결과적으로 많은 사람이 코치님을 통해 위로받고 또 사랑을 느꼈다는 건 부인할 수 없다고 봐요.

꿈달_ 그런 면도 있죠. 그런데 또 한편 저를 무서워하는 동생들도 꽤 많았다는 게 함정입니다(웃음). 늘 양날의 검이 있으니까요. 그렇게 사람들에게 잘했다는 건 반대로 제가 원하는 상황대로 돌아가지 않을 땐 냉

서랍에 넣어둔 나를 찾았습니다

혈인간이나 독불장군처럼 차가웠다는 얘기니까요. 제가 그걸 조절하지 못했어요. 그 감정을 제대로 인식조차 못했으니까요. 돌아보니, 사과하고 싶은 사람이 많습니다(웃음).

소 작가_ 사과할 시간은 제가 따로 드릴게요(웃음). 그리고 코치님의 얘기를 쭈욱 정리해보면, 코치님이 그전에 몰랐던 자신의 모습을 알게 되는 과정 속에서 내적인 힘이 생기신 거잖아요. 나를 좀 더 이해하게 되고 더 스스로의 모습에 정직하게 반응하면서 변화하셨을 테고요. 어떻게 보면 지금 코칭 활동을 하시는 게 그런 부분도 있으실 것 같아요. 너의 진짜 모습을 내가 찾아줄게. 너가 지금까지 익숙하게 살아왔던 너의 모습이나 그런 것들을 두고 틀리다고 볼 순 없지만, 더 새로운 면들을 발견하면 좋겠어! 이런 마음 말이죠. 더 나다운 모습을 알게 되었다는 충만함 속에서, 그것이 코칭에 대한 열망으로 이어진 게 아닌가 싶거든요.

이 부분을 한번 설명해 주시면 좋을 것 같아요.

꿈달_ 사실 '코칭을 한다'라는 개념에 대해, 저는 회사를 그만두게 되었던 몇 년 전까지도 잘 몰랐어요. 돌아보니 방금 언급한 목사님께서 하시는 작업들이 다 코칭의 한 부분이었다고 생각이 되거든요. 어쨌든 질문을 통해서 제가 몰랐던 부분을 확 깨닫게 해주셨던 부분들이 컸기 때문에 말이죠.

그래서 처음에는 제가 하던 일을 그만두게 되면서 어떤 일을 할까 고민을 한참 했고, 그와 관련한 스승님을 만나서 제가 좋아하는 일들을 계속 찾아가는 과정에서 저에겐 '사람'이라는 테마가 소중하다는 걸 알게 되었어요. 그리고 그 사람들과 함께 할 수 있는 일에 대해서 고민을 하다가 '그렇다면 내가 메신저가 되어서 메시지를 전해보면 어떨까?'라는 꿈을 품었던 거죠.

처음부터 코칭이라는 구체적인 행위를 꿈꾼 건 아니었어요. 그저 롤모델들을 찾다 보니까 그분들이 하는 역할이 코치라는 것을 알게 된 거죠. 그리고 이 모든 것이 아무것도 없는 곳에서 뿅! 하고 나타난 것이 아니라 이미 그 힌트들이 아주 오래전부터 제 안에 수많은 퍼즐조각들로 존재하고 있었다는 걸 발견하게 되었습니다. 그래서 저의 지나간 모든 경험들에 의미가 있었다는 걸 알게 되었고 더 소중하게 느껴지더라고요.

모든 것이 다 이유가 있었던 거죠.

소 작가_ 예, 그야말로 꿈달 코치님의 아주 풋풋했던 초반 여정을 쭈욱 들은 느낌입니다. 잠시 쉬었다가, 다음 테마로 넘어가서 이야기를 나누도록 하죠.

story

내 마음 모니터링을 위한 감정일기 사용법

왜 이리 불안하고 심장도 쿵쾅대고 일이 손에 안 잡히지?
뭘 해도 집중이 안 되고 짜증이 늘어가던 날이 있었다.

내가 감정이란 것을 잘 안다고 착각하며 살았던, 내 외로움을 덮기 위해 많은 인간관계를 자랑삼아 지내던 몇 년 전까지, 난 부정적인 감정을 잘 인식하지 못했다. 그저 '긍정적인 게 좋은 거지' 하면서 내 몸 구석구석이 고장이 날 때까지 감정을 밀어 넣었다. 그것이 십수 년, 내 피부를 그렇게 괴롭힐 줄 몰랐다.

코칭을 공부하기 시작하고 감정과 욕구에 대해 알게 되면서 '내가 원하는 삶을 살아가기 위해 시도했던 첫 번째 작업'은 내 감정을 잘 인식하고 수용하는 것이었다. 그때 했던 몇 가지 작업 중 가장 심플하면서도 큰 도움이 되었던 건 '감정일기 쓰기'였다.

난 책을 많이 읽거나 글쓰기를 잘하는 사람도 아니었지만 일기만큼은 초등학교 때부터 꾸준히 써왔기에 단순한 형식의 감정일기를 작성하는 것은 그리 어렵지 않게 생각되었다. 결과적으로 그 후로 몇 년간 수련 (?)하는 마음으로 나의 스승님과 주기적으로 감정일기를 썼다. 덕분에 내 마음은 하루 날씨와 같이 그저 머물다 흘러가는 것이라는 것을 알게 되었고, 결국 그 마음을 붙들고 있는 것은 나였다는 사실을 깨닫게 되었다.

지금 이 글을 읽는 독자분들도 어젯밤 일어났던 그 상황과 사건, 어떤 말 한마디 때문에 내 마음 한구석 어딘가가 불편하다고 느껴진다면, 5분도 안 걸리는 이 작업을 꼭 한번 해보시길 권면한다.

우리가 감정을 잘 느끼지 못하는 여러 이유 중 하나는 감정단어를 몰라서일 수도 있고, 내 안에 확신이 없어서일 수도 있다. 때로는 내가 느끼는 감정 자체가 어색해서일 수도 있다. 게다가 주변에 생각을 나누며 '옳고 그름의 평가와 판단'을 받는 건 익숙하지만, 내 감정을 솔직히 드러내어 수용받고 공감받은 경험은 흔치 않기 때문일 수도 있다.

하지만 시도해보지 않는다면 우린 그저 살아온대로 내 감정에 휘둘리며 가까운 누군가에게 상처를 주고, 밤마다 이불킥을 하게 되는 (좋지 않은) 선택을 반복하게 될지도 모른다. 우선 가능하다면 감정 카드(다양한 감정 단어들이 담긴 카드)를 하나 구입해 사용해도 좋다. 그리고 이 글을 읽는 독자들을 위해 다양한 감정 단어를 첨부하도록 하겠다.

보통 우리의 오감은 특정 감정 단어에 끌리게 된다. 감정 단어를 보면서도 헷갈린다면, 단어들을 펼쳐놓고 입으로 말해보면서 내 마음의 상태를 살펴볼 수도 있다. 아무리 뛰어난 공감전문가가 함께 한다고 해도 자신의 감정을 가장 정확히 알고 포착할 수 있는 건 바로 당사자뿐이란 사실을 잊지 말아야 한다.

첫째, 최근 또는 오늘 일어난 사건 중 내 마음에 남아 있는 사건에 대해 최대한 생각을 덜어내고 객관적인 육하원칙을 사용해 길지 않게 적는다. 그 문장을 누가 듣더라도 장면이 생생히 떠오르도록 '구체적으로 간략히' 적는 것이 포인트이다. 이렇게 적어 내려가다보면, 이미 내가 이 사건에 대해 나의 생각을 덮어씌우고 있다는 걸 발견할 수 있다.

둘째, 그 순간에 내가 느낀 감정을 개수에 상관없이 적어본다. (첨부한 감정 단어리스트 참고) 대부분의 사람들이 무례한, 예의없는, 건방진, 무시당한 등 생각을 나타내는 단어를 감정이라 착각하는 경우가 많다. 감정 단어들을 들여다보는 것만으로 무겁게 눌려있던 마음이 조금은 완화되는 경험을 할 것이다.

셋째, 내가 느낀 감정들에 순위를 매겨본다. 만약 감정 카드가 있다면 순서대로 배치해보고, 천천히 바라보며 순서를 바꿀 수도 있다. 그렇게, 나의 핵심적인 감정이 무엇인지 알 수 있다. 누군가는 서운함, 슬픔도 화로 표현하는 사람이 있으며 침묵으로 일관하는 사람도 있을 수 있다. 무언가 열심히 행동하면서 그것들을 무시하려고 할 수도 있다. 하지만 이 단계의 핵심은 천천히, 나의 감정들을 맞이해본다는 거다.

마지막으로, 내가 처음 적었던 사건과 연결하여, 나의 감정을 '처음 적은 문장'에 적용하여 한문장으로 적고(아래 예시를 참고하기를 바란다) 내 목소리로 그것을 읽어본다. 나눌 사람이 있다면 효과는 더 좋다. 이 사건이 나에게 어떤 영향을 주고 있는지, 얼마나 중요한지, 내가 어떤 것들을 불편해하고 좋아하는지 좀더 명확해질 수 있다.

여기에 더 나아가 욕구단어들(내가 중요하게 여기는 가치, 아래에 첨부해두었다)까지 천천히 들여다보면 나의 감정이 스스로에게 더 분명해질 수 있다.

🍴 형식이 있는 감정일기 쓰기

Step1. 최근 또는 오늘 가장 마음에 남아있는 사건(상황)을 육하원칙을 사용해 객관적으로 적어주세요.

> 오늘 아침 동물병원에서 강아지 진료를 받고 악성종양이 전이되었을 가능성이 있다는 얘기를 들었다.

Step 2. 그 순간 느껴진 나의 감정을 개수에 상관없이 적어주세요 (감정카드, 감정단어 참고)

> 걱정되는   불안한
> 절망스러운   김빠진
> 겁나는   막막한

Step3.   나열한 감정들에
순위를 매겨보세요.

1. 겁나는   4. 절망스러운
2. 걱정되는   5. 김빠진
3. 불안한   6. 딱딱한

Step 4.   내 감정 바라보기
(난 ~를 원하기 때문에
~한 감정이 들었구나)

나는 우리 강아지가 언제 무지개
다리를 건너게 될지, 갑자기
내 곁을 떠날 수도 있다는 생각에
겁나고 걱정되고 불안하구나.

감정을 인식하며 그대로 받아들이고, 더 나아가 내가 이 상황에서 무엇을 중요하게 여겼는지 명확해지는 것만으로 나와의 관계는 달라질 수 있다. 그것이 내가 나를 공감해주는 길이고, 그래야 타인과의 공감으로 자연스레 이어질 수 있기 때문이다.

내가 원하는 삶을 위해서는 무리한 부탁을 정중히 건강하게 거절할 수 있어야 한다. 평소 거절과 부탁이 어려워 내 에너지를 소진하며 '나는 어디로 가고 있는 건지' 답답한 분들이라면 더욱더 형식이 있는 감정일기를 적어보시길 추천한다. 어쩌면 타인의 마음과 취향은 그렇게 잘 알고 있으면서도, 정작 나에게는 꽤나 무심했다는 것에 미안하며 눈물이 날 수도 있다. 하지만 하면 할수록 속도도 빨라질 것이고 정말 쉽게 감정들을 흘려 보낼 수 있는 순간이 올 것이니, 포기하지 말고 한 페이지의 매직브러시를 경험해 보시기를 바란다.

출처 : 비폭력대화

원하는 것이 이루어질 때의 마음 신호 (감정, 느낌)

감동받은	흔쾌한	친근한	느긋한	진정되는	당당한
뭉클한	경이로운	뿌듯한	담담한	잠잠해진	살아있는
감격스런	기쁜	산뜻한	친밀한	평온한	생기가 도는
벅찬	반가운	만족스런	친근한	흥미로운	원기가 왕성한
환희에 찬	행복한	상쾌한	긴장이 풀리는	재미있는	자신감 있는
황홀한	따뜻한	흡족한	차분한	끌리는	힘이 솟는
충만한	감미로운	개운한	안심이 되는	활기찬	흥분된
고마운	포근한	후련한	가벼운	짜릿한	두근거리는
감사한	푸근한	든든한	평화로운	신나는	기대에 부푼
즐거운	사랑하는	흐뭇한	누그러지는	용기 나는	들뜬
유쾌한	훈훈한	홀가분한	고요한	기력이 넘치는	희망에 찬
통쾌한	정겨운	편안한	여유로운	기운이 나는	

원하는 것이 이루어지지 않을 때의 마음 신호 (감정, 느낌)

걱정되는	불안한	갑갑한	속상한	무력한	심심한
까마득한	조바심나는	서먹한	안타까운	무기력한	질린
암담한	긴장한	어색한	서운한	침울한	지루한
염려되는	떨리는	찜찜한	김빠진	피곤한	멍한
근심하는	조마조마한	슬픈	애석한	노곤한	혼란스러운
신경쓰이는	초조한	그리운	낙담한	따분한	놀란
뒤숭숭한	불편한	목이 메는	섭섭한	맥빠진	민망한
무서운	거북한	먹먹한	외로운	귀찮은	당혹스런
섬뜩한	겸연쩍은	서글픈	고독한	지겨운	부끄러운
오싹한	곤혹스러운	서러운	공허한	절망스러운	화나는
겁나는	멋쩍은	쓰라린	허전한	실망스러운	약오르는
두려운	쑥스러운	울적한	허탈한	좌절한	분한
진땀나는	괴로운	참담한	쓸쓸한	힘든	울화가 치미는
주눅 든	난처한	한스러운	허한	무료한	억울한
막막한	답답한	비참한	우울한	지친	열 받는
					짜증나는

🌷 욕구(가치) 단어

내가 중요하게 여기는 욕구(가치)는?
(~를 원해 / ~가 필요해 / ~가 중요해)

자율성	의식주	건강	가족	공동체	사랑	도전	협력	권위	유머
인정	성실	영성	소속감	성장	창조성	봉사	지식	자기존중	정직
책임감	열정	목표	변화	신뢰	평등	안정	경제적안정	확신	미학
조화	소통	예측가능성	다양성	능력	우정	즐거움/재미	전문성	용기	자신감
질서	여유	일치	개성	비전	꿈	수용	지지	공감	이해
배려	용기	자신감	자기표현	축하	보호받음	존중	연결	유대	도움
평화	나눔	내적조화	명료함	보람	기여	참여	희망	가르침	감사
완벽	효율성	상호성	위안	일관성	존경	신속	자유로움(신체)	지혜	의미

목록에 없어도 생각나는 요소가 있다면 적어주세요

오늘의 감정일기

DATE . .

🌷 (최근 또는 오늘 가장 마음에 남아있는 사건(상황)을 육하원칙을
   사용해 객관적으로 적어주세요.)

🌷 그 순간 느껴진 나의 감정을 개수에 상관없이 적어주세요.
   (감정카드, 감정단어 참고)

🌷 나열한 감정들에 순위를 매겨보세요.

🌷 내 감정 바라보기(난 ~를 원하기 때문에 ~한 감정이 들었구나)

서랍에 넣어둔 나를 찾았습니다

> episode 3.

꿈달 코치가 이야기하는 코칭의 본질

"

"코칭은 배에다가
돛을 달아주는 거예요"

"

소 작가_ 아주 직접적이고, 명쾌한 질문을 드리고 싶습니다. 코칭이란 무엇인가요?

꿈달_ 정말 어려운 질문인 것 같아요(웃음).

소 작가_ 사실 코칭이라는 단어는 일반 대중들한테 여전히 너무 낯선 거 같아요. 보통, 사람들은 '상담'이라는 용어에는 익숙한 편이지만 '코칭'이란 용어에 대해서는 생소한 편이죠.

꿈달_ 맞아요. 보통 스포츠 경기를 통해 '코치' 또는 '코칭'이라는 용어를 접하곤 하죠. 그게 뭔데? 상담 아니야? 이런 피드백을 받다보니 저도 이제 코칭을 받는 분들에게 코칭이 무엇인지에 대해서 설명을 드리고 시작하는 편이에요. 상담과의 비교를 통해 코칭을 설명하자면, 상담은 '마이너스에서 0으로 가는 것'이라고 생각해요. 아무래도 과거가 중심이고, 과거에 있었던 어떤 사건이나 자신만의 어떤 신념이나 이런 것들이 현재의 삶에 불편한 영향을 계속 끼치고 있을 때, 상담을 통해 정상적인 삶, 달리 말해 '0'으로 만드는 것이죠. 조금은 불편했던 부분들을 정비해서 정상궤도에서 출발할 수 있도록 올려놓는 거라고 봅니다.

서랍에 넣어둔 나를 찾았습니다

코칭은 원만하게 생활이 유지되고 건강하게 살고 계신 분들이 0에서 출발하실 때 필요한 것 같아요. 내가 뭔가 어떤 목표를 가지고 나의 행동이 달라지기를 원하고 지금과는 다른 삶을 살기 원한다는 의지가 있는, 그런 분들이 '0'에서 플러스로 가고 싶을 때 코치를 만나면, 수평적인 관계로 협력해가며 혼자서는 하기 어려웠던 작업들을 수월하게 해낼 수 있거든요.

배에 구멍이 나면 그냥 가라앉잖아요. 저는 그런 경우엔 상담이 필요하다고 생각해요. 구멍이 나면 배가 떠 있지 못하고 바로 가라앉게 되죠. 그 구멍을 상담으로 메웠다면, 이제 내가 가고 싶은 어떤 등대나 목표가 생겼을 때 배에 돛이 필요하잖아요. 그냥 있어서는 표류만 하니까. 코칭이란 건, 이제 돛을 달고 자기가 원하는 방향으로 갈 수 있게 해주는 작업이라고 봐요. 그리고 단순히 어떠한 문제가 해결됐다고 끝이 아니라 코칭을 통해 그 사람 자체에 변화가 나타나기도 하죠. 품어온 하나의 문제가 해결되는 걸로 끝이 아니고 전반적인 존재에 대한 깨달음이 있기 때문에 다른 영역으로까지 영향을 줄 수 있는, 그런 게 코칭 아닐까 싶어요.

소 작가_ 좋습니다. 한편, 독자 입장에서 생각해 보면 지금 설명해주시는 부분이 추상적일 수 있잖아요. 코치님이 코칭을 진행하시면서 뿌듯했던 사례를 구체적으로 말씀해주셔도 좋을 거 같아요.

꿈달_ 예, 질문을 받자마자 떠오르는 한 친구가 있어요. 영어선생님으로 일할 때 일곱 살에 만나서 수능을 볼 때까지 저랑 같이 수업을 한 친구가 있거든요. 중간 중간 제가 대학원에서 코칭 실습을 해야 할 때 이 친구랑 같이 많이 했단 말이죠. 저의 의도가 있었던 코칭이기도 한데 당연히 본인의 의지가 가장 중요하기 때문에 의사를 물어봤고 허락했기에 진행했어요.

평소 약간 "느리다"는 평가를 많이 받았고 한편 "답답하다"라는 느낌을 많이 받았던 친구인데, 코로나가 시작되면서 학교를 안 갔잖아요. 잠과의 전쟁이 시작된 거예요. 아침에 못 일어나고 어쩌다 학교를 가면 늦게 가게 되고, 이런 패턴이 계속 유지가 되니까 학습에 대한 이야기를 할 수가 없었죠. 잠과의 씨름을 하고 있는 상황이었는데, 제가 이런 질문을 했어요.

"지금 너의 눈앞에 보이는 게 뭐냐"라는 질문을.

"창문이 보이고, 컵 같은 거 넣어놓는 그런 찬장이 보여요" 하더군요. "그러면 창문이 지금 그렇게 하고 있는 너를 보면서 뭐라고 이야기할 것 같아?"라는 질문을 했어요. 그랬더니 이렇게 답을 했어요. "그렇게 답답하게 방에만 있지 말고 좀 나가서 걸으라고 이야기할 것 같아요."

그때 어떤 걸 느꼈냐면, 우리는 보통 한 사람의 행동을 바꾸고 싶어 계속 잔소리를 하잖아요. "그냥 나가서 좀 운동도 하고, 뭐 이렇게 해라" 이런 식으로. 사실 저도 그 말을 되게 내뱉고 싶기도 했고 그 전에 여러 번 한 적도 있어요.

그러나 그건 누구보다 본인이 알고 있다는 생각을 많이 했죠. 변화의 필요성이야 자신이 제일 잘 알고 있는데, 그게 행동으로 연결이 안 되는 거구나! 진짜 사람의 마음에서 변화의 필요성이 느껴지고 행동으로 옮겨지기까지는 그런 잔소리가 별로 필요가 없겠구나! 그런 부분을 참 많이 느꼈죠. 그걸 행동으로 옮길 수 있는 방법을 함께 찾는 게 더 중요하다는 걸 알게 된 계기였죠.

그 이야기를 그 친구 입을 통해서 딱 들으니 되게 미안하기도 하고, '이 아이도 이렇게 달라지고 싶어 하는구나' 이런 것들을 깊이 느꼈죠. 한 마디로, 자기도 나가야 되는 걸 알고 있는 거예요. 그래야 에너지가 올라가는 걸 이미 머릿속으론 알고 있는데 그게 안 되는 자기는 얼마나 답답하겠어요. 그런 부분을 헤아리며 코칭을 진행했죠.

그래서 그 다음부터는 '스터디카페'를 갔다오거나 친구랑 약속이 있어서 나가면 무조건 다 칭찬해 줬어요. 잘했어! 나가서 바람 잘 쐬고 왔어! 이런 식으로요.

이렇게 이야기 해주니까 달라지더라고요. "선생님, 오늘 스터디카페 가서 공부하고 오느라고 과외 좀 늦을 것 같아요. 내일 하면 안 돼요?" 하기도 하고요. 이렇게 그 친구가 노력하는 변화의 움직임에 대해 지지해주고 그걸 계속 유지하게끔 괜찮다고 이야기 해주니까 조금씩 달라졌어요. 그리고 지금은 코로나 상황이 많이 풀려서 집보다 밖에서 활동을 할 수 있는 여건이 되고 나니 자연스럽게 활동성이 높아지고 내가 문제라고 느껴졌던 것들이 해결되기도 해요.

그래서 우린 너무 쉽게 "문제"라고 여기는 것도 다각도로 볼 필요가 있다고 봐요. 내가 보는 관점 때문에 그것이 문제로 여겨지는 건 아닌지 잘 들여다봐야 하는 거죠. 내가 할 수 있는 것과 할 수 없는 것을 구별하고 나면 뭘 해야 할지가 선명해지기도 해요.

소 작가_ 예, 그리고 코치님 이야기를 듣다보니 여쭤보고 싶은 게 생겼어요. 코치로서 어떤 대상을 봤을 때 '이 사람이 변화가 필요하다'고 느낄 수 있잖아요. 그런데 그 존재를 그냥 놔두는 게 나을지, 어떠한 코칭이라는 기술을 통해서 변화를 유도하는 게 맞을지, 그것을 판단하는 어떤 기준 같은 게 있을까요. 가령, 조금 극단적인 예지만 어떤 사람이 맨날 잠만 잔다거나 혹은 만나서 얘기해 보니 너무 자신감 없는 말을 반복한다거나 그랬을 때 '이 사람은 코칭이 필요하다!'라고 생각하는 어떤 기준이 있을까요?

꿈달_ 사실 그게 참 어려운 것 같아요. 내 눈에 좋아 보이는 행동이 과연 그 사람에게 정말 필요한 변화인가를 구별하는 게 굉장히 어렵거든요. 사실 저의 본능으론, 바로 직언하고 싶을 때도 있으니까요. 그러나 그렇게 했을 땐, 아무래도 부작용들이 있기 때문에 저는 코칭을 할 때 대부분의 소스는 '그 사람이 하는 말' 자체에서 찾는 편이에요. 그렇게 받은 소스를 되돌려주는 거죠. 물론 제가 새로운 뭔가를 발견한 부분을 이야기할 때도 있지만, 그 사람이 하는 이야기에서 소스를 얻어서 이야기할 때가 많은 거 같아요.

가령, 한 사람이 잠에 대한 이야기를 굉장히 많이 했을 때 그것에 대한 의미를 많이 물어보죠. 그리고 잠을 잤을 때 당신에게 주어진 유익이 뭐가 있는지 묻는 거예요. 만약 "스트레스가 많이 풀려요"라고 답한다면 "그렇게 스트레스가 풀리면 기분은 어떤 거 같아?"라고 묻는 식으로 꼬리에 꼬리를 물고 상위 단계로 올라가서 최종적으로 무엇 때문에 이 사람이 그렇게 잠을 자려고 하는 건지 함께 찾아가는 거죠. 만약 그 사람이 "잠이 제게 안정감을 줘요"라고 답한다면, 꼭 잠이 아니어도 다른 방법과 수단들이 많이 있을 수 있으니 다른 길을 함께 모색해보는 거예요.

결국 우린 자기에게 익숙한 대로 살아가려고 하거든요. 자기가 지금까지 해봤던 경험 중에 잠자는 게 제일 익숙해서 그걸 선택하는 거죠. 하지만 실상 경험해보지 않은 다양한 많은 것들이 있기 때문에, 먹어보지 않은 다른 걸 먹어보면 또 새로운 맛이어서 내가 훨씬 더 선호하게 될 수도 있는 거잖아요. 한 마디로 그런 것들을 찾게끔 도와주기도 하고 제가 제안하기도 하는 겁니다. 저는 그것이야말로 삶이 풍요로워지는 길이라고 보거든요.

막상 해보니, "되게 어려운 건 줄 알았는데 해보니까 또 별거 아니네" 이럴 수도 있잖아요. 반대로, 실제로 해봤더니 정말 나랑 안 맞는다는 걸 발견할 수도 있고요. 그렇게 정말 내가 원하는 목표, 그러니까 내가 진짜 뭐 때문에 이걸 하려고 하는지를 들여다보는 거죠.

소 작가_ 그런 의미에서 초반에 말씀하신 "코칭은 배에다가 돛을 달아주는 것"이라는 표현이 참 적절한 것 같아요. 각자의 배는 있잖아요. 그런데 그 배에 돛을 달아야 한다는 필요성을 못 느낄 수 있고 그러다 보면 계속 내가 있는 그 바닷가 한 군데에서만 정체한 상태로 있을 수도 있잖아요. 막상 돛을 달고 나니 생각보다 쉽게 갈 수도 있고 '여기에도 이런 세계가 있었네!' 하며 새로운 섬도 발견할 수 있는 거니까요. 그런 의미에서 코칭이라는 것은 엄청난 변화를 일으키는 것이 아니라 약간의 포인트를 주어서 변화의 물꼬를 트는 게 아닐까 싶네요.

꿈달_ 예, 맞아요. 1도만, 진짜 1도만 방향을 틀어도 그게 결국에는 시간이 지남에 따라서 커다란 방향 전환이 되는 거잖아요. 우리가 새해 계획을 세울 때에도 거창하게 세워놓기 때문에 못 지키는 경우가 대부분이죠. 적으면서도 안 될 걸 알아요(웃음). 남들이 다 하니까 그런 계획을 세우는 거죠. 중요한 건, '이게 진짜 나한테 필요한 것인지'에 대한 고민이라고 봐요. 그리고 내가 중요하게 생각하는 가치관과 이게 연결되는지 확인하는 작업도 중요하죠. 작더라도 오늘 당장 할 수 있는, 가령 내가 지각하는 습관이 있어서 고치고 싶을 때 '지각 안 할 거야!'라고 다짐하더라도 지각을 안 하는 건 진짜 어렵거든요. 지각을 안 하려면 자기 삶의 패턴 전체를 바꿔야 하는 것이기 때문에 전반적인 것들을 다 둘러봐야 5분, 10분 조금 더 일찍 나갈 수 있는 거죠. 어쩌면 그 '5분'에는 근본적인 변화가 필요한 셈이에요.

　그래서 코칭을 통한 변화는 정말 만만치 않은 과정이죠.

소 작가_ 듣다보니 정말 그러합니다. 무언가를 포착해야 되고 이 사람이 스스로 원하는 것을 명확히 하고 실천할 수 있도록 도와야 하니까요. 그러니까 예를 들어 "5분만 빨리 자기"라는 주제를 다루더라도 그 사람의 삶의 패턴을 면밀히 살펴야 되는 거잖아요.

　때로는 그게 그 존재의 어떤 근간이나 일상을 흔드는 것일 수도 있으니 말이죠.

꿈달_ 맞아요.

소 작가_ 좀 더 적나라하게 표현하자면 한 사람의 습관이나 익숙한 일상에 균열을 내는 게 코칭이 아닐까 싶네요. 정말 그렇지 않나요?

꿈달_ 예, 작은 변화라고 하지만 결국에는 내 24시간을 다 관리해야 하는 거고 시간 관리를 하려면 또 마음 관리가 필요하기 때문에, 코칭을 하다 보면 목표를 명확히 하는 게 가장 중요해요. "나 이렇게 해서 좀 바뀌고 싶어요"라고 오시지만 나중에 정작 이야기하다 보면 그게 중요한 게 아닌 분들이 꽤 많거든요.

　목표가 명확해지면, 역으로 생각을 하면서 '당장 오늘부터 할 수 있는 일을 찾는 것'은 생각보다 어렵지 않아요. 그런데 정말 중요한 목표를 잡는 작업이 쉽지가 않아요. 그래서 계속 그 사람의 전반에 대한 것들을 좀 물어보려고 하는 거고 그런 걸 생각하게 된 원인이나 영향이 있을 테니까 그 부분에 대한 것도 탐색을 같이 해보는 거죠. "그렇다면, 목표 하시는 그걸 이루기 위해서 오늘 뭘 하시면 좋을 것 같으세요. 뭘 해보고 싶으세요?"라고 질문을 하면 "내가 그거를 모르니까 지금 코칭 받는 거 아니냐"라고 반문하시는 분들도 있으세요.(웃음)

그래서 틀이 있는 형식의 코칭을 하기도 하고 심리검사를 참고해보기도 해요. 그런 객관적인 지표를 가지고 이야기를 나누면 조금 더 대답이 수월해질 수 있죠. 일종의 힌트를 많이 제공해드리는 셈이니까요. 그리고 제가 코칭을 하다보니 가장 크게 느끼는 건 정말 '경청해주는 사람이 주변에 없구나!'라는 부분이에요. 그래서 제가 코칭을 하는 분의 사소한 일상 하나라도 고개를 끄덕여드리고 눈을 맞춰드리고 대답을 같이 해주는 것만으로도 시작과 끝에 에너지가 달라지는 걸 자주 느껴요. 나의 사소한 이야기에 귀를 기울여주는 것, 심지어 내가 아침에 이불 정리한 것만 갖고도 칭찬을 해주고 격려를 해주는 상대가 있다는 것, 그것만으로도 감격하시는 거죠.

소 작가_ 예, 자연스럽게 대화의 주제가 '경청'으로 넘어가네요.(웃음)

서랍에 넣어둔 나를 찾았습니다

꿈달 코치가 이야기하는 경청의 길

"경청에 대한 책임이
듣는 사람에게만 있진 않아요"

소 작가_ 자연스럽게 경청과 공감에 대한 이야기를 하게 되네요. 직접적인 질문을 드릴게요. 코칭에 있어서 경청은 필수라고 봐야 되나요?

꿈달_ 그럼요!(웃음)

소 작가_ 그렇군요. 저도 일반적인 남성에 비해서는 나름 경청을 잘한다고 생각합니다만(웃음)··· 경청은 '정말' 어려운 것 같아요. 그리고 누군가 저한테 경청이 뭐냐고 물어본다면 잘 모르겠어요. 가령, 누군가의 말을 자르지 않고 10분 동안 잘 들어준다고 해서, 그것을 두고 경청이라고 생각하진 않거든요. 반대로, 그렇다고 해서 한 사람이 말하는 거에 대해서 그때그때 중요한 직언을 해주는 것도 경청이라고 생각하진 않아요.

제가 예전에 만난 어느 코치님은 경청을 두고 "존재를 끌어안아 주는 것이다"라고 표현하더군요. 저로선 참 아름답게 들렸습니다. 코치님은 경청에 대해 많이 고민하시고 또 때론 연구하셨을 테니까, 다시 한번 질문을 드립니다.

경청이 '대체' 뭔가요?

꿈달_ 저는 사실 경청을 되게 잘한다고 스스로 착각했던 사람 중 하나에요. 예전에는 영어를 가르치며 사람들을 많이 만나고 1:1로 시간을 많이 보냈던 사람이잖아요. 그런데 지금 생각해 보면 제 얘기만 많이 쏟아냈다는 생각이 들어요.

소 작가_ 그렇죠, 그건 누가 봐도 경청이 아니잖아요.

꿈달_ 그런데도 저는 그 사람들과 시간을 보내면서 뭔가 그 사람들의 고민을 들어줬다고 착각했던 거죠. 누군가의 이야기에 고개만 끄덕인다고 경청하는 걸까요? 몸은 여기 있는데 생각은 딴 데 가 있으면서 '경청 흉내'만 내는 경우도 있거든요. 그러나 내 앞에 있는 사람들은 알아채요. 이 사람이 내 얘기를 듣는지 안 듣는지 말이죠.

보통 우리들은 40초만 지나면 앞 사람 이야기를 안 듣는다고 해요. 이미 들으면서 다른 생각이 마음 속에 올라와 있거든요. '이따 뭐 먹지?' '얘 말이 왜 이렇게 긴 거야?' 별의별 생각을 다 하면서 듣잖아요. 그럼 이제 티가 나는 거죠. 커뮤니케이션을 할 때 말이 차지하는 건 7%밖에 안 되고, 그 외에 비언어적인 표현을 무의식적으로 하게 되는데 앞 사람은 그걸 통해 다 느끼고 있는 거예요.

눈빛이나 미간의 미세한 흔들림이나 내가 다리를 떨고 있는 모습을 통해, 혹은 몸을 앞으로 숙이거나 뒤로 기대고 있는 모습을 통해, 다 전달된다는 거죠. 그래서 올라오는 내 첫 번째 생각들을 인지하고 비워내면서 온몸으로 들어줘야 하는 게 진짜 경청이라고 봐요. 정말 경청을 잘

하고 싶으신 분들이면 자기 모습을 모니터링 해보는 게 매우 중요합니다. 특히나 요즘은 온라인 화면으로 소통할 일들이 많아진 세상이니 자신의 표정을 눈으로 확인할 수 있잖아요. 가령, 내가 상대방과 말을 할 때 눈을 저렇게 많이 깜빡이는구나! 미간을 찡그리고 있구나! "음" "음" 이 말을 너무 불필요하게 많이 하는구나! 이런 것들도 어떤 경우에는 경청에 방해가 될 수 있는 거겠죠.

그리고 우리가 신이 아닌 이상 백지 상태로 누군가의 이야기를 듣는 건 불가능하기 때문에 계속 나에게 떠오르는 평가와 판단의 말들이 있다는 걸 인정하고 그걸 끌어내리는 게 중요하죠. 그렇지 않으면 내가 생각한 스토리 안에 상대방의 이야기를 얹어 놓는 셈이니까요.

그래서 "내가 이순간 너를 경청해 주겠어"라는 마음가짐과 의지가 있어야 겨우 할 수 있는 게 경청인 것 같아요. 그래서 경청을 아주 열심히 하고 나면 배가 고파요(웃음). 에너지를 굉장히 많이 쓰기 때문이죠. 저는 경청이라는 게 훈련으로도 가능하다고 생각해요. 저도 예전에 사람들 만나고 이야기할 때 호응이나 리액션을 지금처럼 많이 했던 사람이 아니었어요. 그런데 지금은 제가 코칭이나 학습을 통해 몸도 끄덕이고 몸으로 리액션하는 것의 중요성을 알게 된 거죠.

가령, 상대방의 말에 호응해 주고 음의 높낮이 같은 것도 적절히 상대방의 톤에 맞춰서 올려주기도 하며 차분하게 맞추기도 해요. 굉장히 긴 호흡으로 상대방에게 맞춰서 진행을 하는 거라 쉽진 않죠. 그래도 상대방이 나와 대화하며 보여주는 편안함이 나에게도 느껴질 때 굉장히

52

서랍에 넣어둔 나를 찾았습니다

보람을 느껴요. 그래서 경청을 끝까지 잘해주고 공감을 해준다면, 상대방 스스로 '그 다음에는 무엇을 해야 하는지'를 깨닫게 되는 경우도 많아요.

또한 자신의 잘못을 스스로 깨닫기도 하죠. 가령 상대방이 싸우고 왔다면 "그랬구나, 그렇게 싸워서 얼마나 불편했겠어. 되게 당황스러웠겠네" 이런 말로 호응을 해주고 같이 감정에 따라가 주면 이미 그 사람은 그 다음에 자기가 뭘 해야 될지 충분히 알게 되거든요. 기본적으로, 빵빵하게 들어가 있던 바람이 한 번 빠져야 그 다음에 뭘 해야 할지에 대한 의지가 생기는 것 같아요.

감정에 휩싸여 있으면 건강한 선택을 하기가 힘들죠.

소 작가_ 지금 하신 말씀을 보면 경청을 한다는 건 일상생활에서는 거의 불가능해 보이기도 해요(웃음). 왜냐하면 에너지를 엄청나게 써야 하는 거잖아요.

꿈달_ 맞아요(웃음).

소 작가_ 일상생활에서 우리가 잠자는 시간을 빼고는 약 10시간 정도 관계를 맺는다고 가정했을 때, 그렇게 경청을 하려고 마음먹으면 그건 너무 고된 일이 아닌가 싶어요. 그런 의미에서 조금은 다른 설명도 해주시면 좋을 것 같아요. 지금 말씀해주신 부분은 정말 직업적인 의미에서의 코칭 경청인 것 같거든요.

꿈달_ 맞아요. 입금됐을 때 충전돼서 하는 경청이기도 하죠(웃음).

　말씀해 주신 것처럼 모든 일상이 이렇게 진행이 되면 소진돼서 살수 없겠죠. 일상 속에서 부모님과 대화할 때도 어떻게 매번 이렇게 경청을 하겠어요. 그래도, 상대방과의 대화 속에서 무언가가 '포착'이 될 때가 분명 있어요. 편한 친구들과 만나서 서로 자기 말만 하고 쓸데없는 말을 할 때도 있지만 그 어떤 미묘한 감정이나 상대방의 불편함 등등 상대방의 말에서 중요한 핵심이 느껴지는 때가 있거든요. 그럴 땐 정말 짧은 두세 마디 질문을 통해서라도 진짜 집중해서 들어주는 게 필요해요. 그리고 사실 우리가 아무한테나 경청하고 싶진 않잖아요. 나랑 깊고 오래갈 대상과 대화를 하는 사이에 내게 그런 것들이 포착된다면, 그때는 하던 일을 잠시 멈추고 집중해서 그 사람을 마주하는 거죠. 2~3 문장, 짧게는 5분에서 10분간 대화하더라도, 그렇게 대화하면 훨씬 깊어지는 것 같아요.

　그리고 결국, 내가 내 앞에 있는 이 사람을 신뢰하고 사랑하는 마음이 있어야 가능한 거겠죠.

　청소년들과 부모 간의 대화에 대해서 한 번 이야기해볼게요. 보통의 부모님들이 일상의 대화를 이렇게 해야 한다고 생각하면 아침 등교할 때 이미 다 에너지가 소진될 거예요. 그래도 청소년 아이들이 뭔가 대화를 나누는 과정에서 좀 투박하게나마 자기가 원하는 걸 이야기를 하려고 하거나, 감정적으로 힘든 부분을 토로했을 때 그 순간을 '포착'해야 하는 거죠. 그때는 설거지 하다가 잠시 멈추고 "잠깐 좀 이야기하자"

(긍정적이고 부드러운 에너지로) 말을 건네며 아이의 말에 귀를 기울여야 하는 거예요.

그렇게 할 경우, 아이가 등교하기 전이나 학원 가기 전 5-10분 정도만 경청과 공감이 되고, 대화의 나머지 90%가 그냥 일상적인 대화라고 할지라도, '결정적인 순간에는 아이가 부모님과 대화하려고 찾아오게 되는 관계'가 만들어지는 것 같아요. 진짜 힘들 때 아이가 외부에서 이상한 어른을 찾는 게 아니고 부모님을 찾아와서 대화할 수 있는 것, 우리 부모님이 '완벽한 분은 아니더라도, 내가 진짜 중요한 얘기를 할 때는 들어주는 분이지!' 그런 생각을 하게 되는 것, 그게 경청의 힘이겠죠.

소 작가_ 방금 말씀하신 부분은 정말 중요한 메시지인 것 같아요. 그리고 한편 다른 생각도 하게 돼요. 어떤 사람이 중요한 얘기를 하더라도 듣는 사람 입장에서 그 부분을 늘 포착할 수는 없잖아요. 그래서 말하는 입장에서도 어느 정도 분명한 의사표현이 필요한 것 같아요. "지금 내가 당신에게 매우 중요한 얘기를 하고 있다"는 것을 적극적으로 표현하는 거죠.

제 이야기를 조금 나눠볼게요. 이번에 아내랑 어떠한 일로 저의 마음을 나누게 되었는데, 아내가 제가 원하는 만큼의 반응을 해주지 않더라고요. 그래서 자꾸만 제 마음에서는 서운함이 쌓여갔고요. 그러다가 문득, '아, 내가 좀 더 적극적으로 분명하게 나의 마음을 표현해야겠다!' 싶었어요. 그래서 제 딴에는 아내에게 비명에 가까운, 겉으로 비명을 지른 건 아니지만 그만큼 분명하고 선명한 메시지를 전달했어요. 그랬더니 아내가 제 마음을 바로 알아듣더라고요. 아내가 저의 비명에 정확하게 응답해 준, 그런 느낌이었죠.

그래서 경청에 대한 책임을 듣는 사람에게만 맡길 수는 없는 거 같아요. 상대방이 나의 이야기를 경청할 수 있도록, 때로는 나의 절박함을 적극적으로 표현할 필요가 있다는 거죠. 아내와의 소통을 통해서 '서로 간의 소통이 딱 맞아떨어졌을 때 진짜 경청이 이루어지는 게 아닌가' 그런 생각을 해본 겁니다.

꿈달_ 지금 너무 중요한 이야기를 해주셨어요. 그래서 경청에 대한 수업을 할 때 "건강하게 자기가 원하는 걸 표현하는 게 중요하다"는 메시지를 담은 내용도 전하거든요. 지금을 살아가는 청소년 아이들도 마찬가지고 성인들도 마찬가지에요. 자기가 진짜 원하는 게 무엇인지, 지금 이 상황에서 에둘러 두리뭉술 말하지 않고 정확하게, 구체적으로, 긍정적인 언어로 "나 이렇게 해주길 원해"라고 건강하고 부드럽게 표현할 수 있다면 얼마나 좋을까요? 나도 내가 원하는 걸 얻을 확률이 높고 상대방도 정확하게 그것만 해주면 되니까, 서로 만족을 할 수 있겠죠.

가령, "네가 나의 사생활을 존중해 줬으면 좋겠어"라고 말한다고 할 때 이러한 말도 사실 상당히 두루뭉술하거든요. '어떻게 사생활을 존중해 달라는 거지?' 그렇게 생각할 수 있으니까요. 그런데 사실 우리가 이런 식의 대화를 굉장히 많이 하면서, 상대방에게 서운함만 쌓아가는 경우가 많아요. 그래서 정말 현명하게 대화를 하시는 분은 그 접점이 뭔지 정확하게 찾으시거든요.

서랍에 넣어둔 나를 찾았습니다

이런 대화를 하게 되면 대화의 양이 많지 않아도 굉장히 질적인 대화를 충분히 할 수 있게 되는 것 같아요. 대화에 들어가는 에너지를 많이 소진하지 않더라도, 진짜 중요한 사람과 양질의 관계를 맺을 수 있는 거죠.

소 작가_ 코치님과 경청에 대해 이야기를 나누다보니 드는 생각은 '경청이라는 것은 좀 더 넓은 차원에서 상호간에 이루어지는 것으로 해석을 해야, 더 본질적인 경청을 해나갈 수 있겠구나'에요. 제가 제대로 이해한 거 맞나요?

꿈달_ 예, 그러합니다(웃음).

이음의 대화를 위해서 필요한 것들에 대하여

"단순히 대화의 양이
중요한 건 아니라고 봐요"

소 작가_ 자연스럽게 저희의 대화가 '이음의 대화'로 이어지고 있네요.

꿈달_ 맞아요(웃음).

소 작가_ 코치님이 주로 강의하시는 테마 중 하나가 '이음의 대화'잖아요. '이음의 대화'를 가르치실 때 어떤 부분에 포커싱을 두고 가르치고 계신지, 또 이음의 대화를 가르치면서 느끼는 어떤 희열감 그런 것들에 대해서 듣고 싶어요.

꿈달_ 제가 작가님께 말씀드린 적 있죠. 저 스스로가 대화를 되게 잘하는 줄 알고 살았다고. 한마디로 저의 착각이었죠.

　제가 하고 싶은 일을 찾는 과정에서 코칭을 시작으로 다양한 수업을 통해 감정을 표현하는 법을 배우고 저 스스로의 욕구를 들여다보는 기회를 갖게 되면서, '아, 이걸 잘 배워서 다른 사람들과 많이 나눴으면 좋겠다'라는 마음이 올라왔어요.

　살면서 수많은 대화의 자리들이 생겨나잖아요. 그런데 '저 사람은

60　　　　　　　　　　　　　서랍에 넣어둔 나를 찾았습니다

대체 무슨 말을 하고 싶은지 도통 모르겠다'라는 생각을 하게 될 때가 꽤 있거든요. 오히려 시간만 엄청 잡아먹고 소통에 방해를 주는 분들도 꽤 많은 거죠. 그런데 한편, 그런 분도 어찌 보면 '진짜 일주일 동안 이 분의 이야기를 들어주는 사람이 없었구나' 싶더라고요.

'저렇게 쏟아내는 걸 보면 누군가의 경청이 무척 필요한 사람이구나. 참 외로웠구나!' 이게 어느 순간 보였던 거죠. 예전에는 '뭐 이렇게 혼자 말을 많이 해?' 이렇게 생각을 했다면, '이음의 대화'를 하면서부터는 말하는 사람의 깊은 부분들이 보이기 시작한 거죠. <비폭력 대화> 수업을 듣기도 했고, 그렇게 행동 이면에 있는 감정과 욕구를 공부하면서 저에 대한 이해가 시작됐고 관계의 문제에서 많이 자유해졌거든요. 자연스럽게, '이건 정말 모두가 알면 좋겠다'는 생각을 많이 하게 되었어요. 이음이라고 하는 것이 저 자신과의 관계도 포함되거든요. 그게 시작이고요. 다르게 표현하자면, 자신이 만든 나만의 스토리 때문에, 거기서 시작되는 말 때문에 일어나는 갈등도 줄어들 수 있겠다 싶었던 거죠.

저는 우선 저의 감정과 욕구를 충분히 들여다보는 시간을 가졌어요. 내가 얼마나 많은 상황들을 내가 만든 스토리에 맞춰 왔는지, 그야말로 '아주 시나리오를 열심히 많이 쓰고 있었구나!' 깨닫게 되었죠(웃음).

소 작가_ 지금 방금 말씀하신 부분은 결정적인 부분 같아요. 누구나 자기만의 시나리오를 열심히 쓰며 살잖아요. 누가 돈을 주는 것도 아닌데 (웃음).

꿈달_ 같은 사건이어도 서로 다른 시나리오를 쓰곤 하죠. 예를 들자면, 제가 최근에 수업을 하러 학교에 갔어요. 제 앞에 어떤 분이 앉아 계시는 거예요. 자리가 거기밖에 없어서 그 앞에 앉았는데 이분이 자기가 쓰던 노트북을 들고 벌떡 일어나 나가시는 거예요. 순간 제 머릿속에 든 생각은 '내가 괜히 여기 앉았나'였어요. 그때부터 제 감정이 불편해지기 시작하는 거죠. '내가 남한테 피해를 줬네. 물어보고 앉을 걸 그랬나?' 이렇게 별별 생각이 다 드는 거예요. 그래도 저는 이 부분에 대해서 공부와 훈련을 해온 사람이잖아요. 적용을 빨리 해봤죠. 사실 객관적인 사실이라곤 '선생님이 노트북을 들고 바깥으로 나가셨다' 이게 전부잖아요.

내가 추측했던 '혹시 내가 불편한 거 아니야?' 이런 주관적인 생각을 떼놓고 그냥 객관적인 사실만 봤을 때, '다른 일이 있으신가 보지' 이렇게 생각할 수도 있게 되는 거죠. 그런데 우리는 대부분 제가 아까 말씀드린 것처럼 익숙한 대로 생각을 하는 경우가 많아요. '나 때문에 그러신가 보다. 내가 여기 괜히 앉았구나. 다음번에는 다른 데 앉아야겠네.' 이렇게 말이죠. 하지만 내가 그 상황을 객관화하는 순간, 그분이 단지 화장실이 급해서 나갔을 수도 있는 거고 다른 층에 용무가 있어서 나갔을 수도 있는 상황이라고 판단할 수 있는 여지(혹은 간격)가 생기는 거죠.

내가 계속해서 특정 시나리오를 열심히 창작하고 있다면, 계속해서 같은 패턴으로 뭔가 관계에 어려움이 생기거나 내 안에 좀 스트레스가 계속 쌓이는 상황이라면, 이 부분을 더욱 객관화해서 '내가 이 상황을 지극히 주관적으로 해석하고 있지는 않나?' 이렇게 다시 바라볼 필요가 있다는 거죠.

서랍에 넣어둔 나를 찾았습니다

그리고 "제가 여기 앉아서 좀 불편하셨어요?"라고 물어볼 수도 있겠죠. 그런데 우리는 대부분 못하잖아요. 불편할까봐 그러는 거죠. 사실 좀 불편하면 어때요. 아무래도 우리들에겐, 상대방에 대한 어떤 부정적인 감정까지 내가 다 책임져야 된다, 라는 그런 생각들이 많이 있는 것 같아요. 그보단, '저 사람 감정은 저 사람 거다'라는 부분을 받아들이고, '저 사람도 저 감정을 처리할 만한 충분한 그런 힘과 능력이 있는 사람'이라는 걸 존중할 필요가 있어요. 그런데 다른 분들의 감정을 떠안는 사람들의 특징을 보면 '이 사람이 나보다 감정 처리가 약할 거'라고 생각하는 경우가 많거든요. 내 머릿속에서 자동적인 사고(즉각적으로 떠오르는 생각)가 올라오는 것을 두고 저는 '생각 대화'라고 표현을 하는데, 우리가 누군가와 주고받는 대화뿐만 아니라 내 마음속으로 나 자신과도 대화를 하잖아요. 우리가 운전할 때 혼자 욕하는 것처럼 말이죠. 내 안에서 계속 특정 사람에 대한 어떤 캐릭터를 만든단 말이에요.

소 작가_ 사실상 그 캐릭터를 거의 완성해 놓죠(웃음).

그리고 저의 요즘 고민을 좀 나누자면, 종종 대화를 마치고 나서 집에 오는 길이 찝찝해요. '나는 과연 오늘 좋은 대화를 했나?'라는 의문이 들기도 하는 거죠. 저희가 지금 나누고 있는 '이음의 대화'라는 용어를 적용해서 말하자면, '나는 과연 오늘 이음의 대화를 했나?' 싶은 거예요. 이미 내 머릿속에선 내 앞의 대화 상대에 대해서 수많은 스토리를 써놓고 있으면서도, 입으로는 그야말로 '입에 발린' 멘트를 늘어놓진 않았나 싶은 거죠.

저로선 꽤 깊은 고민이에요. 그리고 이 책을 읽는 독자분들 중에서도 저와 유사한 고민을 하시는 분들이 있을 거라고 봅니다.

꿈달_ 맞아요. 그리고 사실 친한 사람이면 이미 느낄지도 몰라요. '이 사람이 오늘 나에게 할 말이 잔뜩 있는데도 밥만 사주고 아무소리 안 하네?' 할 수도 있으니까(웃음).

소 작가_ 아, 그래서 고민이 돼요. '내가 과연 좋은 대화를 하고 있는 건가? 내가 이 사람과 건강한 관계를 맺고 있는 건가?' 이런 고민인 것이죠. 겉으로는 좋은 말을 주고받지만, 정말 내가 이음의 대화를 하고 있는 건가 싶은 거예요.

꿈달_ 저희가 정말 많은 대화를 하며 살아가다보면, 순간순간 움찔움찔 할 때가 있잖아요. 대화를 주고받다가 부딪히기도 하고, 불편함을 느끼기도 하죠. 그런데 우린 그런 것에 대해 사실 별 내색을 안 해요. 그러면서 조금씩 소원해지기도 하죠.

그런데 '이음'이라는 의미는, '대화의 양이 중요한 게 아니라 서로에게 중요한 부분을 캐치해 주고 그 부분을 충분히 공감해주는 것'을 의미할 거예요. 가령, 상대방의 어떤 부분이 나한테 그동안 특별히 부정적으로 부각되어 보였어도, 정말 핵심적인 어떤 하나가 연결이 되면, 즉 이어지면, 나와 대화하는 그 사람과 깊은 친밀감과 연대감으로 연결될 수도 있다는 거죠. '이 사람이 내가 신뢰할 만한 사람이구나! 대화를 해도 괜찮은 사람이구나! 마주해도 되는 사람이다!'라고 느끼게 되는 거라고

나 할까요.

소 작가_ 대화의 양이 중요한 게 아니라는 부분이 가슴 깊이 와닿네요. 또 한편, 이음의 대화를 위해서는 내가 지금 만나고 있는 존재가 계속해서 변화하고 있다는 것을 인지하는 게 중요하다고 봐요.

부모-자녀 관계를 봐도 그럴 때가 있잖아요. 사실 자녀는 벌써 10년 전에 비해 굉장히 성장하고 매순간 새로운 걸 깨닫고 새로운 성취를 해 나가고 있는데, 부모는 자녀를 바라볼 때 자녀의 10년 전 모습에 갇혀 있기도 하는 거죠. 그래서 자녀가 성취를 해도 인정하지 않는 경우가 있어요.

꿈달_ 내가 머리에 그려놓은 시나리오의 캐릭터에 익숙하고 또 그게 예측하기도 편하니까 그러는 거겠죠. 그건 부모가 먼저 자신이 변화하고 있는 존재라는 걸 스스로 인정하거나 인지하지 못하기 때문일 거예요. 그래서 가까운 사람들이 오히려 나의 건강한 변화를 방해하는 경우도 많아요. 다 안다고 생각하면서 저에 대한 프레임이 더 견고할 테니까요.

그러나 또 오래 관계를 맺은 존재들이 든든한 베이스가 되기도 하죠. 저에겐 초등학교 때부터 지속적인 관계를 맺은 친구들이 있는데, 기억이 있는 한 제 삶의 전 과정을 지켜보고 바라본 사람들이기에 대체할 수 없는 소중한 존재기도 하죠. 나의 성취와는 무관하게 또 나의 본질을 봐줄 수 있는 존재잖아요. 나의 본질을 잘 이해하기에 어떤 형태의 모습을 하고 있더라도 그대로 인정해주고요.

있는 그대로 수용해주고 받아들인다는 건, 성장에 있어 정말 필요한 베이스가 되어 주거든요.

소 작가_ 나를 겸손하게 해주고요.

꿈달_ 그럼요, 겸손해지죠. 내가 뭐라고 오래된 친구들에게 "내가 코치라고, 강사라고!" 그렇게 말할 수 있겠어요. 그런 게 먹히지 않는 친구들이라서 오히려 그 관계 안에서는 더 좀 자유해질 수 있고 제가 힘든 부분을 내색할 수 있는 거겠죠. 어떤 옷을 입고 춤추더라도 나로 바라봐줄 수 있는 그런 존재들 덕분에 삶이 풍요로워지죠.

제가 참 복이 많아요.

소 작가_ 이음의 대화에 대한 더 자세한 부분은 코치님의 글을 통해서 익혀가면 어떨까 싶네요(웃음).

story

이음의 대화를 위한 생각 대화 모니터링

우린 대화에 대해 사실상 배워본 적이 거의 없다.

지금에야 감정과 생각 그리고 대화, 발표, 스피치 등 말에 대한 교육이 넘쳐나지만 자라면서 말을 익힐 시기에는 학교에서 '누군가를 칭찬하는 법'이나 '사과하는 법', '위로와 격려하기' 등에 대해 들어본 적이 있었나 싶다. 너무 오래된 이야기라 내가 기억하지 못하는 것일 수도 있으나 가정에서도 말에 대한 그리고 생각과 감정에 대한 특별한 배움은 없었던 것 같다.

그렇다면 내가 원하는 것과 상대가 원하는 것을 가장 잘 조율해서 최상의 협상을 하기 위한 이음의 대화에 있어 가장 먼저 해야 할 것은 무엇일까? 우선 기술적인 몇 가지를 배우려고 의지를 불태우기보다 지금 내가 어떤 대화들을 하고 있는지 모니터링 해보는 작업이 필요하다.

나는 이 작업을 '생각대화 모니터링'이라고 부른다. 타인과 직접 나누는 대화도 중요하지만 '입 밖으로 내뱉지 않았지만 내가 씨앗으로 품고 있는 말들'까지 포함한 것을 두고 '생각대화'라 부른다. 내가 화자가 되고 청자가 되기에 이 또한 분명 대화일 것이다. 내가 오늘도 분명히 했을 이 '생각대화'들을 한번 모니터링 해보자.

첫째, 판단과 평가하는 말이다.

카페에 앉아 있다면 눈을 들어 주변을 살펴보자. 지금 내 눈에 가장 먼저 눈에 띈 사람을 보자마자 어떤 생각이 드는가. 난 지금 도서관에 있는데 한 여성분이 눈에 띈다. 보자마자 든 생각은 '저 사람은 왜 저렇게 구부정하게 앉아 있어?'라는 것이다. 그 사람은 그냥 앉아 자기 할 일을 나름 하고 있는 것인데 이 찰나의 순간에도 나는 내 기준으로 저 사람의 앉은 자세를 평가하고 있다. 그러면서 내 자세를 고쳐 앉아본다.

이렇게 즉각 누군가를 떠올리며 올라오는 생각들을 인식하는 것 자체가 쉽지 않다. 우리는 눈에 보이는 것을 나의 경험과 기준의 옳고 그름을 통해 순식간에 판단하고 평가하기 때문이다. 누군가에게는 거슬리지 않을 행동이 누군가에게는 칠판에 손톱을 긁는 것처럼 거슬릴 수 있는 것도 이런 이유이다.

우리 집 계단을 올라오다 보면 아랫집에 택배가 자주 쌓여 있는 편이다. 몇 상자씩 쌓여있는데 그때그때 들여놓지 않는 건지, 며칠 분량이 있을 때도 있다. 그 계단을 올라오며 '택배가 많이 쌓여있네'라고 지나칠 수도 있지만 내 머릿속엔 또 하나의 생각대화가 빠르게 스쳐 지나갔다. "이

집은 맨날 뭐 이렇게 많이 시켜? 제때 제때 넣지도 않고 말야." 이것은 '물건은 바로바로 정리해야 하고 늘어놓지 않아야 해'라는 생각대화가 나에겐 익숙하단 증거다.

이런 생각대화가 뭐가 문제냐고 하는 독자분들도 계실 것 같다. 뭐 나 혼잣말인데 내 생각인데 그걸 누가 안다고. 뭐가 문제라는 거지? 하지만 내 안에 이런 나만의 스토리가 계속 쌓이면 언젠가는 내 무의식적인 행동과 말투, 그리고 눈빛이 분명히 상대에게 전달될 수 있다는 것이 문제다.

평가와 판단은 일어난 사건과 어떠한 사람에 대해 내가 가진 기준으로 내가 가진 펜으로 마음대로 스토리를 지어낸 것과 똑같다. 그것은 호러가 될 수도 멜로가 될 수도 코미디가 될 수도 있다. 그래서 객관화 해보는 작업이 필요하다. 내 기준이 늘 맞는 것일까? 그것에 정확히 들어맞는 기준을 만나는 것은 정말 불가능한 일이다.

두 번째는 '강요하는 생각대화'이다.
"나는 강요 잘 안 하는데요?"라고 생각할 수 있겠지만 의외로 우리의 가정과 일터, 그리고 학교에서의 일상대화들은 강요로 가득 차 있다. 특히 갑과 을의 위치가 존재하는 곳에서는 주된 대화가 바로 강요일 것이다. 강요와 부탁은 비슷한 것 같지만 다른 표현이다.

강요는 상대방의 선택이나 원하는 것에 대한 자리가 없다. 내가 원하는 무언가를 특정 인물이 꼭 해주어야만 나의 욕구가 채워지는 것이다. 그리고 그 말의 뒤에는 상대방에 대한 부정적인 판단과 비난, 그리고 처벌이 기다리고 있다. 상대방도 그걸 느끼기 때문에 내키지 않지만 하는 척을 하거나 하긴 하지만 그 사람과의 온전한 연결은 이루어지지 않는다. 소리 소문 없이 관계가 끊어지는 경우도 많다.

강요의 말에 상대방의 의견은 없다. 물론 때로는 꼭 해야 하는, 선택의 여지가 없는 것들도 있을 것이다. 그렇게 하지 않으면 위험한 상황에 놓인다거나 안전에 문제가 생긴다면 당연히 소리쳐서 그 행동을 못하게 해야 한다. 하지만 일상대화에서 강요와 억압으로, '!(느낌표)'로 끝나는 대화로 얻은 결과는 언젠가 더 큰 눈뭉치가 되어 나에게 돌아올 수도 있다.

'부탁'은, 내가 원하는 것을 채우기 위해 '함께 하기를 부탁'하는 것이다. 그래서 상대의 거절도 수용하는 자세이다. 상대방이 거절할 경우 다른 방법과 수단을 찾으면 된다는 마음가짐이 동반된다. 상대의 거절로 인해, 늘 해왔던 대로가 아닌 때론 생각지 못한 창의적인 방법으로 문제를 해결하기도 한다. 역설적으로, 거절이 있었기에 나의 성장이 이루어지는 셈이다.

생각해 보자.

당신은 그 문제를 해결하기 위해 강요를 하고 있나,
아니면 부탁을 하고 있나.

세 번째는 '당연하게 여기는 말'이다.
"가장이면 이 정도는 해결해야지, 엄마면 이 정도 희생은 해야 하는 거
아니야? 학생이 옷차림이 단정해야지, 며느리면 명절에 당연히 시댁부터
와야지, 고3이 6시간 이상을 어떻게 자는 거야? 가장 친한 친구 결혼식에
이 정도는 해야지." 어쩌면 우리가 오늘도 머릿속으로 그리고 입 밖으로,
당연하게 여기며 던지는 말들이다.

이 정도는 해야 한다는 건 무슨 근거가 있는 것일까? 그 사람이 이 정
도 역할을 해내야만 나에게 피해가 돌아오지 않을 테니 핑계를 대는 게
아닐까? 미디어에서 나오는, 그리고 내 주변상황에서 다들 이렇게 한다고
하니까, 그렇게 하지 않으면 틀린 거라고 비난부터 하는 것은 정말 그들의
문제일까, 아니면 내 문제일까.

당연시 하는 말의 오점은 남에게 할 때에는 당연한 거지만 내가 들을
땐 세상 이렇게 억울한 말이 없다는 것이다. 내가 정말 그렇게 생각하는
기준이라면 나에게도 해당되어야 하는 게 아닌가? 하지만 나에겐 한없이
관대해진다. 아닌데? 내 주변엔 그런 애들 하나도 없는데? 그렇게 희생
하는 사람 없는데? 요즘 누가 그래? 어느 동네길래 그런 게 당연한 거야?

세상에 당연한 것은 없다. 그 당연한 것도 어쩌면 내가 그리고 있는 나만의 스토리 중 하나일 수 있다는 것을 잊지 말자. 그리고 상대가 그 말에 수긍했을지라도 이런 말들이 반복되어 상대를 추궁하고 있다면 이미 당신과의 연결엔 보이지 않는 미세한 균열이 일어나고 있다는 것을 잊지 말아야 할 것.

네 번째는 '멀어지게 하는 대화'이다.

최근, 넷플릭스 드라마 <더 글로리>가 화제였다. 학교폭력을 저질렀던 고등학생들이 성인이 되어서도 친구라는 가면을 쓰고 갑과 을의 관계를 유지하고 있다. 학창시절 처절히 당하기만 했던 송혜교가 성인이 되어 그들 앞에 나타난 이후 복수가 시작되고 그들이 이 상황을 얘기하고자 한자리에 모인 장면이 있었다.

4명의 등장인물간에 대화가 이어졌는데 정말 신기한 것은 아무도 이야기를 듣는 사람이 없고 각자 자기 할 말만 이어가고 있다는 것이었다. 대화란 누군가의 말에 반응을 하고 그 말을 이어가고 호기심을 갖는 것인데 누구도 서로의 이야기에 반응하지 않으며 각자의 말만 이어갔다.

우리는 가까운 사람들과의 대화, 특히 매일 보는 가족들과의 대화를 이런 식으로 이어가곤 한다. "엄마 나 오늘은 학원 안가면 안 돼요?"라는 아이의 말에 "쓸데없는 소리하지 말고 갔다와! 곧 시험이라며!"라고 말하면, 최소한 그 말에 반응이라도 하는 것이다.

우린 자기 할 말만 이어갈 때가 많다. 마치 상대가 앞에 없는 것처럼 "다음주에 내야 할 조별과제 있다고 안 했니?" "체육복은 꺼내놓은 거야?" 내가 해야 할 말만 쏟아내거나 아니면 묵묵부답, 미동도 하지 않고 자신이 하던 일에 몰두하기도 한다. 혼잣말을 계속 하던 아이는 그냥 입을 다물고 밖으로 나가버린다.

tvn <유퀴즈>에 방영된 '법정을 울리는 판사편'에 출연했던 박주영 판사가 '목숨을 끊으려고 했으나 미수에 그쳤던 20-30대 청년들에게 쓴 판결문'이 참 마음에 와닿는다.

비록 하찮아 보일지라도 생의 기로에 선 누군가를 살릴 수 있는 최소한의 대책은, 그저 그에게 눈길을 주고 귀 기울여 그의 얘기를 들어주는 것이 아닐까 하는 생각이 든다.

지상에 단 한 사람이라도, 자신의 얘기를 들어줄 사람이 있다면, 그러한 믿음을 그에게 심어 줄 수만 있다면, 그는 살아갈 수 있을 것이다. 왜냐하면 그의 삶 역시 사회적으로 의미 있는 한 개의 이야기인 이상, 진지하게 들어주는 사람이 존재하는 한, 그 이야기는 멈출 수 없기 때문이다.

사람이 사람에게 할 수 있는 가장 잔인한 일은, 혼잣말하도록 내 버려 두는 것이다.

- 청년들에게 쓴 판결문 중 일부-

어색하지만 나에게 말을 걸어오는 한 사람에게 난 뭐가 그렇게 그 일이 중요하다고 몸을 돌려보지도 눈길도 주지 않고 모니터만 바라보며 돌아서게 했는지, 그 드라마가 뭐 그리 내 인생에 중요한 거라고, "조용히 하라"고 손가락을 입에 갖다대며 입을 다물게 했는지…

어쩌면 그 순간 누군가는 자신을 도와달라는 얘기를 참으로 힘들게 어색한 말들로 주절거리며 꺼내놓았을지도 모른다. 이렇게 말은 나를 대변하는 것이기도 하며 제대로 표현하지 못했지만 무언가 시도해보려고 하는 애씀이며 나의 존재를 알아달라고 발버둥치는 것이기도 하다.

그렇기에 내게 중요한 관계의 누군가가 하는 말들을 유연하게 잘 들을 수 있는 마음을 넉넉히 가질 수 있도록 평소에 나의 마음그릇을 잘 관리하는 것이 중요하다. '나도 힘든데 내가 타인을 위해 그런 말들을 받아낼 준비를 해야 하나요?'라고 말할 수도 있겠지만, 아니다! 이것은 누구보다 나를 위해 가장 필요한 일이다. 나는 그 누구보다 나와 가장 많이 대화하고 있다. 하지만 서로 이어지고 있지 않을 뿐.

모니터링 해야 할 더 많은 대화들이 있지만 우리가 당연히 여기면서 멈추고 있지 않은 것들만 추려보았다. 이 대화들만 인지하고 멈출 수 있어도 우린 보이지 않는 관계의 균열을 막을 수 있다. 그리고 이런 대화를 나 자신에게도 서슴없이 습관적으로 하고 있다는 사실도 알아야 한다. 타인에겐 친절하지만 나에게는 얼마나 격려하고 인정해주는 말을 하고 있는가, 내가 생각하는 나의 캐릭터는 어떠한가? 나는 게으른 사람인가? 아니면 피곤하고 지칠 때 게으른 행동을 하는 사람인가? 그 게으르다는 것은 어떤 기준이며 누구와의 비교인가?

찰나의 순간만 보고 한 존재를 규정짓지 말자. 나 또한 그런 평가와 비난을 받는 순간이 온다면 참 속상하고 억울할 것이다. 날 잘 알지도 못하면서, 어떻게 그렇게 생각하고 말할 수 있냐고 말할지 모른다.

모니터링을 하고 난 후, 마치 숨은 그림 찾기를 한 것처럼 불편함들이 내 안에 떠오를 수도 있다. 한번 떠오르기 시작하면 내 안에서도, 다른 이들의 말속에서도 계속해서 발견되어 불편해질 수도 있다. 하지만 떠오른다면 제대로 인식하고 있다는 증거이다.

내뱉지 말고 멈추어보자.

story

그리고 이음의 대화를 할 수 있도록 잠시 숨을 고르는 거다.

처음엔 그것만으로도 충분하다.

서랍에 넣어둔 나를 찾았습니다

다섯가지 사랑의 언어를 위한 소중한 팁

"결국은 관찰이 중요하답니다"

소 작가_ 오늘은 <5가지 사랑의 언어>에 대해서 좀 더 자세한 이야기를 나누고 싶습니다.

<5가지 사랑의 언어>는 꿈달 코치님의 소중한 강의 테마잖아요. <5가지 사랑의 언어>를 주제로 강의하시게 된 어떤 계기나 강의를 하면서 느끼는 희열에 대해서 나누고 싶어요.

꿈달_ 사실 살면서 소통에 대해 깊게 생각을 한 적은 없었다고 전에도 말씀드렸잖아요. 그런데 제가 사람들과의 관계에서 예상하지 못한 일들이 벌어지면 스트레스를 많이 받았었던 것 같아요. 그게 소통에서 오는 스트레스라고 생각을 못했고 그냥 난 노력을 다 한 것 같은데 '왜 이런 걸까?' 고민했죠.

제가 본격적으로 코칭에 관심을 갖고 '강의를 하며 살고 싶다'고 마음을 먹고 나서 항상 고민이 됐던 부분이 '내가 무엇을 가지고 강의를 할 수 있지?' 즉 콘텐츠에 관련된 부분이었어요. 마이크는 잡고 싶은데 딱히 아는 게 없으니까 뭘 전달해야 좋을까 고심했던 거죠. 당시 제가 강연 프로그램을 좋아했거든요. <세바시>라는 프로그램을 좋아해서 방청

객으로도 몇 번 신청을 해서 갔어요.

강의를 하기로 마음 먹고 현장에 가는 게 필요하다고 느껴서 직접 간 거죠. 현장에 가니까 더 좋더라고요. "언젠가 이 무대에 제가 설 것입니다"라고, 방청 후 인터뷰까지 했어요. 그 후 얼마 지나지 않아, 방청 신청했던 정보가 남겨져 있어 <세바시>에서 광고메일이 온 거예요. <5가지 사랑의 언어> 교육 과정에 대한 내용이었어요. <5가지 사랑의 언어>라는 책에 대해 어느 정도는 알고 있었지만 정확한 내용은 모르고 있었거든요. 그런데 콘텐츠도 제공을 해주고 강의에 대한 코칭도 해 준다고 해서 홀린 듯이 신청을 했죠.

소 작가_ 굉장히 좋은 찬스였네요.

꿈달_ 예, 그 책을 쓴 저자는 부부 상담을 하시는 전문가이긴 해요. 하지만 내용을 들여다보니 이건 부부에만 적용할 것이 아니라 누구나 다 알아야 하는 소통에 대한 구체적인 방법이 담긴 이야기더라고요. 사랑을 구체적으로 표현할 수 있는 다섯가지 언어를 아주 심플하게 설명해놨다는 부분이 무척 흥미로웠고, 그 안에서 다 설명이 된다는 게 꽤나 신기했어요. 그걸 듣다 보니 그동안 제가 정말 친밀하다고 느끼는 사람들과의 관계에서 스스로 서운했던 부분이나 좀 답답하게 생각했던 부분들이 무엇이었는지를 알겠더라고요.

소 작가_ 대체 코치님을 그렇게 서운하게 한 것이 뭐였나요?(웃음)

꿈달_ 그건 말이죠(웃음). 잘 아시다시피 <5가지 사랑의 언어>에서 소개하는 사랑의 언어는 인정하는 말, 함께하는 시간, 선물, 봉사, 스킨십 이렇게 5개잖아요. 그중에 사람마다 고유하게 제일 잘 쓰는 언어를 '제1 언어'라고 하거든요. 저는 '함께하는 시간'이 압도적으로 높더라고요. 그리고 저에게 있어 함께하는 시간의 의미는, 그냥 같이 오래 있는 게 아니라 질적인 대화, 한 사람과의 공감과 경청이 이뤄지는 순간, 그 사람이 나에게 집중하고 있다, 라는 걸 내가 느껴야 되는 순간이더라고요. 예를 들어 저에게 있어서 사랑의 언어란, 제가 강의를 할 때 저를 사랑한다면 실제로 그 강의장에 와야 하는 거예요(웃음). 못 오고 선물이나 말로 격려하는 건 현장에 오는 것보단 약하단 말입니다(웃음).

소 작가_ 예, 기억해두겠습니다(웃음).

꿈달_ 그렇게 사랑의 언어를 배우다 보니 저마다 자신이 원하는 주파수의 사랑 방식이 있다는 걸 알게 되었고, 그 이유들이 있다는 것도 이해하게 되었어요.

또한 연애할 때는 스킨십이나 인정하는 말이 중요했던 사람이 결혼해서 아기를 낳으면 봉사라는 사랑의 언어가 높아지기도 해요. 지금 내게 당장 필요한 게 그 언어니까요. 이렇게 시간이 흐르며 사랑의 언어가 달라지기도 하는 거죠. 하지만 기본적인 주파수는 저마다 고유하게 있는 거 같아요.

그런 부분들을 가족끼리, 가까운 사람끼리 같은 공동체 안에서 나누

서랍에 넣어둔 나를 찾았습니다

게 됐을 때 '아, 저 사람이 그래서 그랬구나!'를 이해하게 되는 거죠. 그리고 '아, 내가 저 사람과 좋은 관계를 맺기 위해서, 내게는 좀 어색한 언어지만 저 사람이 저걸로 행복해하고 사랑을 느낀다면 기꺼이 그렇게 해 보겠다'라고 의지를 보이는 게 '사랑의 언어'가 발휘되는 출발점이겠죠.

소 작가_ '의지'군요(웃음).

꿈달_ 감정은 굉장히 찰나지만 그 이후에는 긴 시간의 의지와 노력이 필요하기 때문에 내가 사랑하는 사람의 언어를 배워보고 내 몸에 익숙하도록 사용하는 게 중요해요. 그리고 어떤 사람의 사랑의 언어가 '인정하는 말'이라고 해서 계속 그 사람한테 편지만 주어선 안 되겠죠. 사실상 5가지 언어가 우리 모두에게 다 중요하기 때문에, 이걸 골고루 잘 사용하는 것을 몸에 익히는 연습을 해야 하는 거죠.

저 역시 <5가지 사랑의 언어>를 새롭게 배워가는 과정을 통해 가까운 사람들에 대해서 많이 이해하게 되었고, 그 사람들의 정말 필요한 부분을 알고 다양하게 표현하며 사랑할 수 있게 된 거 같아요.

사실 어떠한 사람이 언제 가장 행복해하고 언제 좀 화가 나는지만 유심히 관찰해도 대충 눈치를 챌 수 있는 게 사랑의 언어이기도 해요.

소 작가_ 한편, 현실을 보면 한 사람의 사랑의 언어를 포착하는 것도 쉽지 않고, 포착하더라도 나한테 없는 부분을 때론 또 계발해서 전달해야 되는 거잖아요.

제가 재작년 말에 주변 분들에게 선물을 많이 했어요. 그런데 선물을 받으시는 분들이 생각보다 반응이 다 시큰둥한 거예요. 그때 불현듯 깨달은 게, '아, 다들 나처럼 책을 좋아하지 않는구나!'였어요. 저에게 사랑의 언어가 '책 선물'이다보니, 다른 분들도 그럴 거라고 착각했던 거죠 (웃음). 그래서 그 후론 선물의 방향을 약간 바꿨어요. 그런데 저도 모르게 계속 저만의 관성으로 서점으로 가곤 합니다…

꿈달_ 어렵죠. 그래서 아는 게 중요해요. 내가 짐작하는 거랑 실제 상대방의 '사랑의 언어'는 완전히 다를 수도 있거든요. 내가 뭘 좋아하는지 어떨 때 사랑을 느끼는지 이런 것들이 상대에 따라 다르니까요. 또한 나이를 먹어가며 자신이 처한 상황에 따라 사랑의 언어들이 변화되기도 하죠. 가령, 여성분들이 육아를 전담하실 경우, "음식물 쓰레기만 버려다오" 혹은 "밥 먹고 매번 싱크대에 그릇만 갖다 놓아죠!" 이게 사랑의 언어일 수도 있는 거잖아요. 그 부분을 남편이 해주면 '우리 남편이 제 역할을 잘 하고 있구나! 나를 사랑하는구나!' 이렇게 느끼지 않을까요? 자주 요청하는 것이 그 사람이 원하는 언어의 힌트가 되기도 하니까. 너무 생각만 하지 마시고 그대로 행동해 보시는 것도 필요합니다, 유부남 여러분(웃음)!

결국은, '관찰'이 중요해요. 제일 기본은 '관찰'입니다.

소 작가_ 방금 말씀하신 '관찰'은 뻔한 솔루션인 거 같으면서도 너무 중요한 솔루션 같아요.

꿈달_ 맞아요. 보통 아내를 위해 봉사를 할 때도 "그럼 내가 설거지 해 주면 돼지?" 하면서 설거지 해 주잖아요. 그런데 설거지 해주고도 욕 먹는 경우가 있어요.

소 작가_ 저도 종종 그래요(웃음). 아내가 저한테 "이 그릇은 일부러 남기는 거지?" 할 때가 있어요. 막상 설거지를 할 때는 잘 안 보이는데, 항상 기름이 가득한 그릇이 하나 남아 있더라고요.

꿈달_ 여성분들 입장에서는 이럴 거예요. '내가 10년 동안, 하루에 몇 번씩 설거지를 했는데 어떻게 하는지 보지 않았다는 거지? 이 사람 진짜 관심이 없었구나!' 이래서 좀 더 화가 나는 거라고 봐요.

그러니까 봉사를 할 때 제일 중요한 건 내가 원하는 방식으로 해주는 게 아니라 그 사람이 원하는 방식으로 해주는 거예요. 청소나 아이들 케어도 마찬가지에요. 모르면 물어봐야 하는데 남성분들이 잘 안 물어보잖아요(웃음). 자기 스타일이 있으니까. 오히려 자기 스타일대로 봉사하면서 생색을 엄청 내죠.

소 작가_ 저 같은 경우 엄청 기다리거든요, 아내가 언제 칭찬해주나⋯ (웃음)

꿈달_ 그 마음도 이해해요(웃음). 그런데 봉사는 생색내지 않는 게 중요해요. '내가 이런 것까지 해줘야 돼?'라는 생각을 내려놓는 게 무척 중요하거든요. 사실 봉사는 아주 거창한 게 아니어도, 자기 물건을 제자리에

놓는 것만으로도 굉장한 도움이 되니까요. 정리하자면, 누군가의 '사랑의 언어'를 잘 관찰해서 그것을 포착하고, 상대방의 언어에 섬세하게 반응하는 게 중요하다는 거겠죠. 물론 이게 결코 쉽다는 건 아니에요. 우리는 누구나 '내 사랑의 언어'에 익숙해져 있잖아요.

소 작가_ 맞아요, 정말 사람은 내 기준으로 판단하는 경우가 많으니까요. 한편 반대로도 생각해볼 필요가 있는 거 같아요. 누군가가 사랑을 표현했을 때 그게 내가 원하는 사랑의 언어가 아니더라도, '아, 저 사람은 저런 방식을 사랑이라고 여기고 저렇게 표현해주고 있구나!' 이런 식으로, 상대방의 사랑의 언어를 사랑으로 받아주는 태도도 중요한 거 같아요.

조금 거창하게 말하자면, '상대방의 사랑의 언어에 대한 존중'이라고나 할까요.

꿈달_ 맞아요, 그것이 나의 주파수는 아니지만, '이 사람은 어떤 방식으로든 나한테 사랑을 표현하고 있다'는, 그걸 바라봐주는 거겠죠.

소 작가_ 그 부분도 의지가 필요한 것 같습니다.

꿈달_ 그럼요. 그래서 사랑의 언어를 배우게 되면 제일 좋은 게 '내가 생각한 것보다 사랑을 많이 받고 있었네'라고 깨닫게 되는 거예요. 가령, 우리 엄마는 나한테 계속 "밥 먹었니?"라는 질문을 통해서, 내가 집에 들어올 때까지 안 주무시는 행동을 통해서, 내가 출근할 때 무언가를 챙겨

서랍에 넣어둔 나를 찾았습니다

주는 봉사를 통해서 사랑을 표현했구나, 라는 걸 알게 되는 거죠.

그리고 가볍게 어깨를 툭툭 쳐주던 선생님은 나를 그렇게 격려해주려고 하신 거였구나! 깨닫게 되는 거죠. 내가 미처 못 느꼈던 사랑들에 숨겨져 있던 여러 사랑의 방식들을 알게 되고, 그러면서 사랑에 대한 시야가 넓어지고 삶이 풍요로워지는 것 같아요.

제 이야기를 좀 더 나누자면, 저희 엄마는 저에게 스킨십을 따뜻하게 해주거나 다정하게 눈높이를 맞추며 말해주셨던 경험이 별로 없거든요. 그런데 다른 외동친구의 어머니께서 제 친구에게 우쭈쭈 해주는 걸 보면 '왜 우리 엄마는 날 저렇게 사랑해주지 않지?' 이런 결핍이 있었어요. 그게 결핍이었다는 것도 꽤 시간이 흐른 후에야 알게 되었죠.

그런데 나중에 저를 아껴주시는 분들을 만나게 됐는데 그분들이 항상 저를 만날 때마다 꼭 안아주시는 거예요. 그때 '스킨십이 엄청 좋은 거구나'라는 걸 알게 된 거예요. 그 전까지 저는 스킨십을 좋아하지 않는 줄 알았거든요.

그렇다면, '나는 왜 그런 스킨십을 친구들이나 엄마에게 요청하지 않았을까?' 생각을 해보았을 때, 거절당할지도 모른다는, 이런 요청을 하는 나를 귀찮아할지도 모른다는 두려움이 있었던 거죠. 그래서 안 좋아하는 척했던 것 같아요. 아예 차단해서 거절의 두려움에서 저 스스로를 보호한 거죠.

이거에 대해 '엄마는 왜 날 안 안아줬지?' 이런 원망으로 속상해하는 상태로 끝낼 수도 있지만, '엄마는 또 다른 방식으로 나를 열심히 채워주고 사랑해 주려는, 그런 치열한 모습들이 있었다는 것'을 이제는 아는 거죠. 이제는 제가 먼저 가서 엄마를 안아주고 이렇게 막 팔짱을 끼기도 하고요(웃음).

소 작가_ 어떻게 보면 '사랑의 언어'에 있어서 전보다 성숙해지신 거네요. 상대방의 표면적 행동 그 너머의 마음을 읽어낼 수 있게 된 거니까요.

꿈달_ 예, 맞아요. 엄마도 그게 어색했구나! 엄마도 누군가가 그렇게 따뜻하게 안아주는 사랑의 독점을 받아본 적이 없구나! 그렇다면, 내가 따뜻하게 안아드리면 되겠구나! 이런 식의 변화가 있었던 거죠. 어긋났던 부분을 계속 불만으로 품고 분노하던 단계를 넘어서 계속해서 그런 간극을 좁혀가는 것, 그게 바로 한 존재로서 성숙해가는 과정 같기도 해요.

소 작가_ '사랑의 언어'라는 테마를 통해 굉장히 다양한 이야기가 가능하네요. 일단 저는, 집으로 가서 이 '사랑의 언어'를 아내에게 실천해야겠습니다(웃음).

삶 속에서 <사랑의 언어>로 잘 연결되고 싶다면 기억해야 할 3가지 태도

2018년 여름, 결혼·가족생활 컨설턴트사 대표이자 목사인 게리 채프먼이 쓴 도서 <5가지 사랑의 언어>를 바탕으로 한 강의를 교육받고 인증된 강사로 활동하면서 다양한 분들을 만나고 있다. 60대 부부, 이제 결혼을 준비하고 있는 예비부부들, 학부모, 교사들, 청년, 청소년 등 관계를 잘 맺고 싶은 모든 이들이 그 대상이다.

이 책이 말하는 5가지 사랑의 언어는 이러하다. 인정하는 말, 함께 하는 시간, 선물, 봉사, 스킨십. 저자는 사람마다 내가 사랑받는다고 느끼는 특정 언어가 있으며 나머지 언어들도 골고루 잘 사용할 줄 알아야 좀 더 성숙한 사랑을 주고받을 수 있다고 설명한다. 이미 가정생활, 인간관계 분야에선 유명한 책이고 자세한 내용은 해당 서적을 읽어보는 게 가장 좋을 것이다. 그렇지만 강의를 하며 내게 깊게 새겨진 세 가지 태도를 나누는 것도 독자들에겐 분명 의미가 있을 듯하다.

첫 번째, 진심 어린 마음과 사랑이 가장 기본이 되어야 한다.
어떤 사람들은 이것을 그저 기술이라고 여기고 상대방을 조정하려는 목적을 가지고 이득을 취하기 위해 적용하려 할 것이다. 부부사이에 기득

권을 가져오려고, 연인에게 갑이 되고 싶어서, 아이가 내 말을 잘 듣게 하려고, 내 학생들이 날 좋아하게 만들려고 등등. 하지만 각자의 언어를 가지고 있다는 것은 그 언어에 더 즉각적이고 예민하다는 의미이기도 하기에 그것이 진심인지 상대방은 이미 알고 있을 것이다.

　나의 사랑의 언어는 "함께 하는 시간"이다. 그래서 상대방이 진심으로 나와 함께 하고 있는지, 나에게 집중하고 있는지, 나의 온몸에 레이더가 작동한다. 메시지를 늦게 읽는 것, 전화 통화할 때의 음성, 상대의 작은 몸짓, 얼굴의 미세한 움직임을 통해서도 이 사람이 진심으로 나에게 집중하고 있는지 금방 알아챈다.

　상대가 그 언어를 노련하게 사용하는지, 어설프게 사용하는지는 중요하지 않다. 진심을 담는다면 어설프더라도 노력해주는 모습에 더 애정을 느낄 수 있지만, 능수능란하게 사용하더라도 진심이 느껴지지 않는다면 사랑 탱크를 제대로 채워주지 못하고 오히려 멀어질 것이다.

　그래서 강의를 시작할 때 나는 시간이 허락된다면 묻는 편이다. 왜 5가지 사랑의 언어를 배우려고 하시는지, 그 목적이 달성되고 나면 어떤 상태가 되길 바라는지에 대해서. 구체적인 그림이 있다면 더 잘 받아들이고 적용하려는 의지가 높아진다. 사랑이 전제가 되지 않은 다른 목적이라면 내(건강하지 않은) 숨은 의도가 드러나는 건 시간 문제다.

두 번째, 나의 언어를 정확히 이해하고 구체적으로 알려주어야 한다.

우리의 소통이 내 마음대로 되지 않을 때, 나는 한다고 했는데 상대가 내가 원하는 만큼 와주지 않는 것처럼 느껴질 때, 우린 깊은 좌절감에 빠지고 무력감을 느끼기도 한다. 하지만 곰곰이 생각해보면 우린 대체로 내가 원하는 것을 정확히 표현해본 적이 없다. 나의 감정과 그 감정 너머에 무엇이 있는지 자신조차 명확하게 알지 못하기 때문에, 그것을 상대에게 어떤 식으로든 전달했을 것이라 착각했을 가능성이 높다. 예를 들면 "말하지 않고 눈빛으로 전달했다"는 식의 말도 안 되는 착각 말이다.

이미 내 머릿속에서만 몇 날 며칠 맴돌고 있는 경우, 나는 다 아는 것 같지만 상대는 전혀 눈치채지 못한다. 내가 원하는 것을 정확히 얻으려면 대놓고 표현하는 것을 민망해 해서는 안 된다. 민망함은 순간일 뿐, 나의 사랑탱크는 충만해져 며칠은 콧노래를 부를 테니까.

어떤 학교 교사모임에서 다른 교사분들과 어울리는 것이 쉽지 않았던 남자선생님이 계셨는데 이 분은 잘 모르는 사람이 보기엔 늘 어색해 보이고 무뚝뚝해 보여서 오해를 사기 일쑤였다. 하지만 이 분을 잘 관찰했던 몇몇 선생님들은 이 분이 그 누구보다 일찍 출근하셔서 주변 정리를 잘해놓을 뿐 아니라 교무실에 있는 휴지통이나 분리수거 같은 것을 가장 먼저 빠르게 하신다는 것을 알았다. 이 분은 다른 말이나 다정한 제스처 대신 몸으로 봉사하는 것을 통해 관계를 맺어가고 나름의 역할을 해 나가고 계셨던 것이다.

그런데 이 분의 주된 사랑의 언어는 함께 하는 시간이었다. 누구보다 함께 어울리고 싶은 생각이 간절하지만 그것이 쉽지 않은 상태였던 것이다. 하지만 몇몇 분들이 그 봉사에 동참하시며 계속 말도 걸어주시고 같이 모임도 하시길 권유하시면서 조금씩 어색함을 줄여 가셨다고 한다. 그리고 강의를 들으시고 난 후 소감을 나눌 때 자신은 그것이(함께 하는 시간을 만드는 것) 좀 어색하고 어려우니 먼저 다가와 주셨으면 좋겠다고 이야기했다. 그 말이 나오는 순간 다른 교사분들이 기다렸다는 듯이 "알았다"고 하시면서 화기애애한 분위기가 되었음은 당연한 일이었다.

상사에게 말로 얻어맞고 후배의 당돌함에 어이가 없어 한마디 말도 못했던 지친 하루. 집에 돌아와 뜨끈한 국물이 있는 음식으로 위로받고 싶다면 아내에게 미리 연락해볼 수 있지 않을까?(물론 이것은 오늘 내게 어떤 것이 가장 위로가 될까를 고민하고 결정한 후에 해볼 수 있는 방법 중 하나이다) "여보, 오늘 내가 너무 힘든 날이었는데 당신이 해주는 떡만둣국 한 그릇이면 다 사그라질 것 같아. 당신도 오늘 아이들 케어하고 집 정리하느라 힘들었을 테지만 내가 원하는 메뉴로 해 줄 수 있을까?"라고 말이다.

"아이고, 말해 뭐해요. 잔소리만 듣지, 밥도 안 먹고 들어오냐고 할 거예요"

story

그래도 혹시 아는가? 그날 내 아내도 사랑 탱크가 가득 차있는 상태여서 나에게 기꺼이 고명까지 얹은 떡만두국을 끓여줄지도. 끝까지 내가 원하는 대답을 얻지 못했다고 해서 너무 낙심할 필요는 없다. 그래도 말하지 못하고 끙끙대는 것보다는 원하는 것을 말하는 편이 우리의 정신건강엔 훨씬 좋다고 자신한다.

다만 내가 원하는 것을 말할 때도 지혜는 필요하다. 이기적으로 "나만 사랑해줘"라는 강요가 아닌 부탁의 태도로 다가가는 것이 중요하다. 당연한 것은 이 세상에 하나도 없다.

오늘 내가 받고 싶은 구체적인 사랑의 언어의 표현은 무엇인가?

세 번째, 정말 사랑하기 어려운 사람에겐 사랑의 언어를 적용하려고 너무 애쓰지 마라.

강의를 하다보면 정말 사랑하는 사람에게 사랑의 언어를 배워서 사랑을 잘 전달하려고 하시는 분들도 계시지만, 정말 이해하기 어렵고 사랑하기 어려운 대상과 함께 지내야 하기에 이것이 필요하신 분들도 만나게 된다. 하지만 미워하지 말아야지, 싫어하지 말아야지 하면 더 마음 정돈이 어려운 것처럼, 너무 안 되는 것에 집중하다 보면 그렇게 하지 못하는 나를 자책하며 더 힘들어지는 경우를 보게 된다.

우리 마음은 상대에 대한 프레임과 캐릭터를 일단 설정해놓기 마련이다. 그리고 그 캐릭터가 내 시나리오 안에서 계속 그 모습으로 유지되어야 하기에 내 말과 행동도 그렇게 설정되어 버린다. 말로는 "그런 표현 안 해요"라고 하지만 우리의 비언어적인 표정과 한숨, 다가가지 않음을 통해 이미 상대는 '내가 상대를 어떻게 여기고 있는지' 미루어 짐작하고 있을 것이다.

최소한 그 사랑의 언어의 반대말들을 내가 사용하고 있진 않는지 모니터링 해봄으로써, 그 행동만이라도 멈출 수 있다면 공적인 관계 정도는 유지하며 지낼 수 있다.

인정하는 말이 중요한 사람에게 말로 공격하고 있진 않은지(가령, 듣고도 대답 안함, 충고, 비교, 평가하는 말, 무시하는 말 등), 함께 하는 시간이 중요한 사람을 은근히 따돌리며 무리에서 소외시키고 있진 않는지, 선물이 중요한 사람에게 대가가 있는 물건을 건네고, 봉사가 중요한 사람에게 원치 않은 행동을 강요하고, 스킨십이 중요한 사람에게 불필요한 터치 등을 하며 상대의 존재를 상처 입게 하고 있진 않은지.

그러면서 우린 가끔 이런 무책임한 가해자의 말을 내뱉기도 한다. "그 사람은 그래도 돼요. 진짜 이상한 사람이야. 그렇게 해도 꿈적도 안한다니까. 눈치가 없는 건지." 등등.

story

　그래도 되는 사람은 이 세상에 단 한 명도 없다. 우리는 단 한 명도 예외 없이 사랑받고 싶어 하는 존재라는 걸 잊지 말자. 내가 소리지르고 억압한다고 해서 상대를 절대로 바꿀 수 없음을 알아야 한다. 내가 바꿀 수 있는 단 한 사람은 오직 나밖에 없음을 기억한다면 타인을 대하는 것에 너무 많은 에너지를 쓰기보다 나 자신에게 사랑의 언어를 많이 적용할 수 있다. 내가 충만해져서 부드러워진다면 외부의 자극은 한층 작게 느껴질 테니까.

　결국, 사랑이란 것은 당연히 얻어지는 것이 아니고 마음과 말과 행동이 모두 어우러져 맺어지는 것이다. 마음과 마음이 잘 이어지고 싶다면 걸음과 생각을 멈추고, 주목하고 관찰하고 기억해라. 그리고 행동으로 직접 표현해라. 언제까지 "원래 난 그런 사람이 아니에요"라고 핑계를 댈 것인가.

　지금 내 곁에 있는 사람들이 당연히 영원히 내 옆에 있을 거라 생각하지 말아라. 나 또한 그렇게 미련한 생각으로 살아왔지만, '습관대로'가 아닌 '배운대로' 조금씩 노력하고 표현하다 보니 그 누구보다 나와의 사이가 좋아지고 좀 더 여유있게 타인과의 관계를 맺어가고 있다.

　내가 했다면,
　당신도 충분히 가능하다.

> **episode 7.**
우리 삶의 난적 '커뮤니케이션'에 대하여

"넌 나한테 아침 햇살 같아"

"

소 작가_ 어떻게 보면 자연스럽게 다음 질문으로 이어지는데요, 5가지 사랑의 언어 안에 소통의 본질이 숨어 있는 것 같아요. 오늘은 조금 더 크고 본질적인 질문을 드리고 싶어요.

코치님이 생각하시는 좋은 커뮤니케이션 혹은 좋은 소통은 무엇인가요?

꿈달_ 음, 어려운 질문이긴 하지만(웃음)…

소 작가_ 그렇죠 너무 큰 질문이죠. 마치 이건 '인간이란 무엇인가?'와 같은 질문 같아요.

꿈달_ 이렇게 말하고 싶어요. 내가 원하는 것과 상대가 원하는 걸 가장 잘 협상하는 방법을 찾아가는 과정, 그게 좋은 커뮤니케이션 아닐까 싶어요.

가령 A는 즐거움을 채우기 위해 놀이공원에 가고 싶어할 수 있잖아요. 그런데 B는 같은 즐거움을 누리더라도 드라이브를 하고 싶을 수 있겠죠.

어떻게 보면 둘 다 함께 즐거움을 누리고 싶어 하지만 방식이 다른 거잖아요. 그리고 그 수단과 방법을 고집하는 이유들이 분명히 있거든요. 그게 나에게 익숙하고 지금까지 해온 것 중에 제일 편한 방식인 거예요. 그래서 그것들을 맞춰가는 과정이 굉장히 중요한 거죠.

그래서 꼭 드라이브를 안 하더라도, 꼭 놀이공원에 가지 않더라도, '내가 생각한 건 아니지만 이걸 해봤더니 또 이런 즐거움이 있네!'라고, '아, 또 다른 방식으로 채울 수가 있네!'라고, 그렇게 새로운 것을 알아가고 맞춰갈 수 있겠죠. 저는 그렇게 계속 맞춰가는 과정을 커뮤니케이션이라고 봐요. 결과만큼 과정도 중요한 거죠. 그러면서 서로 유대감과 신뢰감도 쌓아갈 수 있고요.

그런데 이러한 커뮤니케이션이 가능하기 위해서는 우선 상대방에 대한 존중이 전제되어야 하고, 그 이전에 자기 자신에 대한 존중도 중요한 것 같아요. 사실 나 자신이 원하는 게 정확히 뭔지를 모른 채 대화하는 경우가 많거든요.

소 작가_ 맞아요.

꿈달_ 자신에게 상대방이 해주기 바라는 정확한 그림이 없기 때문에, 상대방은 나를 위해서 무언가를 하고 있는데도 그게 내 마음에 흡족하지 않다는 이유로 계속 관계가 깨져가는 거죠.

그래서 상대방에게 질문하기 전에 내가 원하는 게 무엇인지를 명확히 파악하는 것이야말로 대화, 더 나아가 좋은 커뮤니케이션을 위해 제일 중요해요. 가령, "난 빨간색을 원해. 오늘은 떡볶이가 먹고 싶어"라고 이야기하는 거죠. 그리고 "오뎅이 많이 들어간 떡볶이가 좋아" 이렇게 말하면 더 좋겠죠(웃음). 그러면 상대방도 오히려 선택하기가 쉬워지거든요.

더 나아가서 조금 다른 차원의 관점도 중요해요. 업무적인 차원으로 적용해서 말해보자면, "우리가 일주일 안에 이걸 해야 하는데 어떤 방법이 제일 좋을까? 우리가 이야기한 거 말고 또 다른 사람의 조언을 들을 수 있는 건 뭐가 있을까?"라고 좋은 질문을 던져보는 거죠.

상자 밖에서 이야기할 수 있는 관점들을 계속 풍부하게 가져가는 게 중요해요.

소 작가_ '상자 밖에서'라는 말은 무슨 의미일까요?

꿈달_ 우리들이 보통 상대방하고 싸우거나 이야기할 때 서로만 보잖아요. 나와 상대방만 들여다보기보다는, 밖에서 보면 나도 보이고 상대방도 보이고, 제3자의 입장에서도 이 상황들을 볼 수 있거든요.

그렇게 객관화하는 게 굉장히 중요하다고 봐요. '이게 정말 최선인가? 이게 정말 우리를 위한 게 맞나?'라고 질문을 던져보는 거죠. '너와 내가 이야기하는 게 답이 아닐 수도 있다'라는 걸 인정하는 거죠.

서랍에 넣어둔 나를 찾았습니다

소 작가_ 맞아요, 대화하는 서로가 그 순간에 함몰되어 있을 수 있으니까요. 그리고 이어서 여쭙고 싶어요. 가령, 어떤 사람은 각 잡고 카페에서 대화하는 걸 선호할 수 있고, 또 다른 어떤 사람은 그렇게 대화하는 걸 부담스러워하고 장난스럽게 이야기하는 걸 선호할 수도 있잖아요. 이렇게 대화의 방식 자체가 다를 때는 어떻게 해야 하나요?

꿈달_ 우선, 대화 방식이 어떻게 다른지를 정확하게 알아야겠죠. 그 사람이 그렇게 장난스럽게 대화하는 이유가 분명히 있을 거예요. 진지하게 말했을 때 뭔가 쑥스러운 거죠.

그럴 땐, "당신이 좀 쑥스러워하고 그러는 거 내가 알고 있다. 충분히 존중한다. 하지만 오늘은 우리가 조금만 더 진지하게 이야기했으면 좋겠다"라고 말하는 거죠. "야! 너 왜 이렇게 진지하지가 않아?" 이렇게 비난으로 시작하는 건 좋은 접근 방식이 아니거든요.

소 작가_ 만약 상대가 싫다고 하면 어떻게 하나요?

꿈달_ 당장 싫다고 그럴 경우, 어쩔 수 없죠. 강요할 수는 없으니까요.

그래도 "우리가 깊이 대화에 들어가기 위해서는 이런 과정이 좀 필요한 것 같다는 생각이 들었어. 네가 준비가 되면 언제든지 나한테 얘기해 줬으면 좋겠어"라고 건넬 수는 있겠죠. 어쩌면 이런 부분이 존중인 것 같아요. 내 방식이 100% 맞다고 우기는 자세를 취하는 게 아니라 네가 그렇게 행동하는 것엔 이유가 있을 거다. 그 마음을 존중한다는 걸 먼저 표현하고 그 다음에 내가 원하는 것을, 또는 조율해 주었으면 하는 것을 정확하고 부드럽게 말할 수 있으면 좋죠. 그리고 내 중심을 잡는 게 중요하다고 봐요. 내가 원하는 방식으로 상대방이 소통하지 않더라도, 내가 감정적으로 맞받아치지 않는 거죠. 맞대응하면 싸우는 것밖에 안 되잖아요. 정답은 없죠. 서로 편한 방법들이 있을 뿐이에요. 상대가 어떤 사람인지에 따라서 센서를 잘 켜야 해요. 그리고 일단은 대화를 하는 '내가 건강한 상태로 있는 게 중요'하다고 봐요. 내가 항상 나를 점검하고 내 상태를 건강하게 만드는 게 일단은 가장 중요한 거죠. 내 기분을 부정적인 상태로 방치하지 않는 겁니다.

그래서 저는 종종 동물 영상, 귀여운 고양이 강아지 영상을 보곤 해요(웃음).

소 작가_ 저도 종종 고양이 영상을 봅니다(웃음). 이어서 여쭤보고 싶어요. 방송인 중에서 유재석이나 이금희, 그리고 라디오 DJ 정지영 아나운서 같은 경우를 보면 정말 커뮤니케이션의 달인 같거든요. 이분들은 무슨 비결이 있는 걸까요?

꿈달_ 일단 이분들을 보면 공통적으로 잘 들어요. 상대방 말을 함부로 커트하지 않고 잘 들어주는 분들이에요. 저와 작가님이 앞부분에서 이야기 나눴던 '경청'이란 걸 잘 하는 분들인 것이죠.

그리고 타고난 것도 있겠지만 유재석 같은 분은 굉장히 많이 공부를 한 거 같아요. 왜냐하면 그 이전의 유재석이란 존재와 비교했을 때 또

서랍에 넣어둔 나를 찾았습니다

다른 성숙한 존재가 되어 가고 있다는 게 시청자들에게도 보이거든요. 독서 등등 다양한 배움으로 자기를 들여다보는 연습을 오랜 기간 한 거 같아요. 체력을 계속해서 유지하는 것도 정말 대단한 점이죠. 체력이 없으면 감정도 조절할 수 없거든요. 덧붙여 말하면 겸손해 보여요. 겸손이란 건 내가 힘이 있는 걸 알지만 함부로 사용하지 않는 거라고 보거든요. 그러한 의미에서 유재석의 소통은 정말 겸손해 보여요. 그리고 "그때 기분이 좀 어떠셨어요?" 혹은 "그 상황에 어떤 생각이 드셨어요?"라는 식으로 상대방의 감정을 묻는 질문을 예전보다 자주 하는 거 같아요. 그때 당시로 그 사람을 확 시간 여행하듯이 끌어가는 거겠죠. 그리고 "정말 그러셨군요"라며 상대방의 감정에 대한 공감까지 덧붙이니까요. 상대방의 감정에 대해서 가치 판단을 하지 않는 거죠. 감정은 옳고 그름의 문제가 아니잖아요.

소 작가_ 지금 말씀하신 부분이 참 중요한 거 같아요. 상대방의 감정에 대해서 가치 판단을 하는 순간 대화가 그야말로 턱턱턱 막히잖아요(웃음)

꿈달_ 맞아요, 턱턱턱 막히죠(웃음).

소 작가_ 그리고 저는 커뮤니케이션에 있어서 '칭찬'의 역할도 윤활유 역할을 한다고 봐요. 시의적절한 칭찬이 커뮤니케이션에 기름칠을 해주는 거죠. 저의 사랑의 언어가 '인정하는 말'이라서 그런지도 모르겠지만요(웃음).

꿈달_ 예, 칭찬 중요하죠. 혹시 드라마 <이상한 변호사 우영우>에서 우영우 변호사가 친구 최 변호사를 칭찬하면서 "넌 나한테 아침 햇살 같아"라고 하는 장면 보셨나요? 그게 정말 좋은 감사와 칭찬의 표현이거든요. 단순히 그 말만 하는 게 아니라 아주 구체적으로 그 상황을 기억하고 최 변호사에게 감사를 표현하잖아요. 그랬을 때, 듣는 사람의 마음이 녹아져 내리면서 존재와 존재가 연결되는 거겠죠.

소 작가_ 존재와 존재가 완전히 연결되는 순간 같아요. 드라마를 보는 시청자 입장에서도 그 장면을 보는 순간, 정말 뭉클하더군요.

꿈달_ 예, 칭찬과 감사의 표현을 통해 너랑 나만이 알고 있는 그 스토리를 다시 한 번 재현하는 거죠. 사람들마다 다 있거든요. 그때는 표현하지 못했지만 지나고 보니 '아, 그때 얘가 나를 구해줬구나!' 싶은 그런 순간들 말이죠. 그런 부분을 상대방을 통해 듣게 되면 '아, 맞아! 내가 그런 삶을 살았던 때도 있었지!'라는 마음으로 그 삶이 다시 살아나는 거예요.

소 작가_ 오늘 커뮤니케이션에 대해서 이야기를 나누다보니, 이런 생각이 들었습니다. 커뮤니케이션이 제대로 이뤄지면, 존재와 존재가 연결되는 거 아닐까, 라는 생각. 그리고 커뮤니케이션은 단 한 마디로 정의 내릴 수 없고, 정말 다양한 요소가 개입되지만 그래도 그 어떤 지점에 닿기 위해 서로가 노력하는 과정, 더 적나라하게 표현하자면 '발버둥'이 필요하겠구나, 라는 생각.

꿈달_ 맞아요. 저도 강의하면서 또다시 새롭게 배우고 다시 적용하고, 또 한숨 쉬고 그렇게 발버둥치며 배워가는게 커뮤니케이션이에요.

경험이라는 발버둥이 없으면 절대 알아갈 수 없는, 삶의 지혜에 속하는 과목인 것 같아요.

> **episode 8.**

꿈달 코치가 생각하는 좋은 성장에 대하여

"결핍을 채우려고만 하지 마세요"

소 작가_ 오늘은 코치님과 '성장'에 대해 이야기를 나누고 싶습니다. 사실 성장이라는 단어는 소위 말해 어른 세대 말고 20-40대에게는 부정적인 인상이 많이 있는 것 같아요. 한편, 오해받고 있는 단어가 성장 같기도 하고요. 무언가 열정을 다해서 강제로 달려야만 될 것 같은, '당위성'이 이 단어 안에 숨어 있단 말이죠.

그런데, 좋은 의미의 성장도 분명 있잖아요.

저는 코치님이 하시고 있는 강의나 코칭 안에 담겨 있는 중요한 요소 중 하나가 성장이라고 봅니다. 한 존재 안에 있는 좋은 것들을 끄집어내서 성장할 수 있도록 돕는 것. 그래서 한 존재 안에 있는 것들을 정말 반짝반짝 빛나게 해주고 싶어 하는 열망이, 코치님 안에 가득하다고 보거든요.

코치님이 추구하시는 성장의 의미에 대해 나눠주시면 좋을 것 같아요.

꿈달_ 예, 코칭을 할 때 대표적인 툴 중에 'Grow 모델'이라는 게 있어

서랍에 넣어둔 나를 찾았습니다

요. Goal(목표 정하기)-Reality(현실 파악하기)-Option(대안 탐색하기)-Will(실천의지 확인하기), 이런 과정을 거치는 모델이죠. 어떤 목표를 맨 처음에 잡고 현 상황이 어떤지를 살펴보는 거죠. 내가 목표로 잡은 것과 지금 현 상황 사이에 갭이 있잖아요. 그럼 이걸 메우기 위해서 어떤 실행 방법들을 사용할 것인지 그리고 실행 방법들 중에서도 내게 가장 중요하고 시급한, 그리고 내가 할 수 있는 것들을 골라서 하나씩 시도를 하는, 그 단계로 대화를 나누는 거죠.

그래서 그 다음주에는 실행한 것을 토대로 어땠는지 물어보고 그걸 잘 실행했으면 어떻게 해서 잘 해낼 수 있었는지, 또 그 안에서 그 사람의 장점이나 강점을 끌어내며 계속해서 눈덩이가 굴러갈 수 있게 해주는, 그런 걸 'Grow 대화 모델'이라고 하거든요. 이 모델이 유명해진 이유는 성장이라는 키워드가 떠오르도록 직관적으로 네이밍을 잘 한 부분도 있어요. 그것이 코칭을 하는 목적 중 하나이기도 하기에 코칭의 대표모델이 된 셈이죠.

소위 말해 청년 세대도 그렇고, 제 나이 또래의 사람들을 보면 성장하고 싶어 하지만 또 한편 현실에 안주하고 싶어 하기도 해요. '그렇게까지 해야 하나'라는 생각도 있고, 반대로 '보여지는 사회'를 살아가야 하다 보니까 <미라클 모닝> 같은 프로그램들이 직장인들 사이에서 널리 확산되기도 했잖아요.

특히나 코로나 시대에는 '뭔가 나의 내면에 남는 작은 거라도 하고 있다'는 생각이 중요했던 거 같아요. 심지어 달고나를 만드는, 그런 것까지라도 해서 '내가 뭔가 이렇게 열정을 가지고 하고 있다'라는 걸 인증하는 게 중요해진 거죠. 그게 어떻게 보면 소소한 행복이라고 말할 수도 있지만 그것 또한 누군가에게는 '성장에 대한 압박'으로 다가갈 수 있거든요. 내가 너무 뒤처지는 거 아닌가, 이 사람들은 이렇게까지 하고 있는데 내가 오늘 하루를 이렇게 그냥 보내도 되나? <넷플릭스> 보고 쉬는 것도 오히려 불안한 거죠. 잘 들여다보면 내 안에 중심이 있는 사람, 즉 어떤 분명한 의미를 가진 사람이 그 행동을 했을 때와 그냥 남들이 하니까 독서 모임이나 미라클 모닝이나, 혹은 커뮤니티에 들어가서 활동을 할 때에는 차이가 있다고 봐요.

나라는 사람에 대한 이해 없이 그냥 막 트랙에서 뛰는 것과 나라는 사람에 대한 이해가 충분히 있는 상태에서 무언가 배우고 성과를 내려고 하는 거는 완전히 결과가 다른 거예요. 아무리 남들이 보기에 하찮아 보이는 거여도 내가 의미 있게 시도한 거라면, 그게 단지 10분에서 15분에 불과한 짧은 시간에 이뤄진 거라고 해도, "나에게는 굉장히 큰 성장" 이라고 본인이 느끼는 만족감이 있으니까요.

소 작가_ 방금 말씀하신 부분은 굉장히 중요한 포인트 아닐까 싶네요.

꿈달_ 예 맞아요. 분명한 의미를 가지고 만들어낸 만족감들이 사소해 보여도, 잔잔하게 많이 있으면 그게 결국엔 '행복감'으로 이어지는 거겠죠. 자연스럽게, 타인과도 덜 비교하게 되고 다른 누군가를 위해서가 아니라 내 안의 삶을 잘 꾸려나가려고 하게 될 테니까요.

서랍에 넣어둔 나를 찾았습니다

그래서 저는 제 수업에 참여하신 분들에게도 "어떤 기대를 가지고 오셨는지" "어떤 결과를 얻고 싶은지"를 항상 여쭤보는 편이에요. 그냥 "누구 누구 소개로 왔어요" 하는 분이나 "그냥 들어왔어요" 하는 분들에 비해서 분명한 목적이 있는 상태에서 자기가 비용을 내고 시간을 내서 들어오신 분들은 확실히 보여지는 결과가 다른 것 같아요. 물론 그게 꼭 보여지는 결과로 나타나지 않아도 되지만, 그건 어떤 식으로든지 한 사람 삶에 좋은 영향을 주니까요.

단순히 남과의 비교로 시작하게 되면 '저 사람은 이만큼 했는데 나는 이거밖에 못 했네' 이런 식의 실패감을 줄 수도 있는 거죠.

소 작가_ 굉장히 중요한 포인트 같아요. 그런데 한편, 그 고민의 과정 혹은 자기 성찰의 과정이 생략될 때가 많다고 봅니다. 요새는 또 SNS가 한몫하잖아요. '저 사람은 저렇게 하고 있는데 난 뭐 하고 있지?'라는 식의 생각을 하는 거죠. 보이지 않는 성장 경쟁이 곳곳에서 피터지게 일어나고 있는 느낌이랄까요.

그렇다면, 어떻게 해야 자신에 대한 이해를 깊게 가져갈 수 있을까요? 내가 진짜 원하는 걸 한번 들여다본다거나 혹은 누군가한테 물어볼 수도 있겠죠. 전문가를 찾아갈 수도 있을 테고요.

꿈달_ 우선 철저하게 혼자 있는 시간이 중요하다고 봐요.

남들하고 어우러져서 계속 그 사건이나 특정 상황에 몰입돼 있거나 함몰되어 있으면 나 자신을 객관적으로 볼 수 없거든요. 현재 내 속도나 내 발걸음의 속도가 얼마나 되는지, 또 보폭이 얼마나 되는지도 모른 채 끌려가기도 하거든요.

제가 논문을 쓰던 암울한 시기(분명 암울했지만 광명을 찾아준 고마운 과정)에 온라인 커뮤니티에 있는 분들과 '낭만러너스 클럽'이라는 모임을 통해, 각자의 속도에 맞추어 '각자가 있는 장소'에서 달리거나 걷거나, 산책하거나를 선택해서 서로 인증하는 프로그램을 한 적이 있었어요.

아마 그냥 달리는 동호회였다면 누가 뭘 입고 나왔는지 기록이 어땠는지, 잘하지 못하면 스트레스를 받아 오래하지 못했을 텐데 그 모임은 각자의 속도를 먼저 선택하게 하고 그 페이스대로 진행하는 방식이었어요. 운동화만 신고 밖에만 나가도 그렇게 서로 격려해주고 칭찬을 해주시더라고요. 그러다보니 걷고 뛰다가 나중엔 막 뛰게 되고 500m도 한번에 못 뛰던 분들이 1-2km를 안 쉬고 뛰게 되는 일들이 생겨났어요. 시간을 정해 언택트로 같이 뛰고 마지막 사람이 마칠 때까지 기다려줬다가 모두 핸드폰 화면으로 만나 격려했죠

오히려 제일 앞서가는 사람을 기준으로 하지 않고 각자의 속도를 선택하고, 그것을 성취하려는 어떠한 작은 행동에 대해 인정해주고 격려해주니 '아 내가 대단한 일을 했구나' 자신감이 막 생기는 거예요. 그러니 다른 일에도 의욕이 생기고 논문도 끝까지 버텨서 완성할 수 있었죠. 그래서 달리는 것 외에도, 서로의 작은 일도 격려해주는 모임으로 지금

서랍에 넣어둔 나를 찾았습니다

까지도 유지되고 있어요.

거기서 많은 걸 배웠어요. 누군가를 따라 뛰는 게 아니라 내 몸 상태와 체력을 충분히 파악하는 것. 그렇게 무리하지 않는 건 게으르거나 목표 의식이 없는 게 아니라 가장 멀리 오래 갈 수 있는 방법이겠구나. 가장 늦게 들어오는 사람도 여유 있게 기다려줄 수 있고 응원할 수 있는 여백이 생기는구나. 그걸 배웠죠.

이렇게 나에 대한 리포트가 전혀 없는 사람에 비해 나에 대한 리포트를 충분히 가지고 있는 사람이 얻어내는 결과와 속도는 더 빠르고 정확할 수밖에 없겠죠. 그게 없는 상태로 무언가를 계속하게 되면 시행착오가 많아진다고 봐요. 포기도 빨라질 테고요.

그러므로, 의도적으로 어딘가로 여행을 떠나거나 내게 정말 익숙한 곳에서 떨어져 혼자 사색할 수 있는 시간도 도움이 될 수 있겠죠.

소 작가_ 어쩌면 스스로 이방인이 되는 걸 자초하는 셈이네요.

꿈달_ 맞아요.

소 작가_ 잠깐 제 이야기를 나누자면, 이방인으로서 제가 어떤 모습인지 대학 시절 3주간의 유럽 여행을 통해 알게 됐거든요. 당시 첫 여행지가 스페인 마드리드였어요.

마드리드에 밤늦게 도착해서 숙소에서 자고 다음 날 아침에 일어나 가방 메고 가뿐하게 마드리드 역을 통해 마드리드 광장으로 올라갔거든요. 너무 좋은 거예요. 나를 아는 사람이 한 명도 없다는 게, 진짜 단 한 명도 없다는 게. 그 후로 제가 3주 내내 혼자 여행 다녔어요.

사실 혼자 여행을 안 할 수 있는 방법이 충분히 있었어요. 숙소에서 만나는 한인들이 있었으니까요. 실제로 제가 하루 정도 여행지에서 만난 분이랑 같이 여행을 했는데, 반나절 정도 지나자 불편한 거예요. 그때 알았어요. '내가 혼자 무언가 하는 걸 꽤 좋아하는구나!'라고.

그전까지는 뭘 혼자 했던 적이 없었어요. 늘 누군가와 같이 했고, 같이 하는 게 크게 부대낀다고 느낀 적은 없었는데 막상 제가 혼자 여행을 해보니 '아, 내가 이런 부분에 있어서 그냥 혼자 하는 걸 더 좋아하는구나!' 알게 된 거죠. 제가 그 뒤에 중국 베이징으로 배낭여행을 갔는데, 그때도 혼자 여행 갔어요. 전혀 걸릴 게 없더라고요. 그래서 그 후 미국도 혼자 갔었고요. 만약에 제가 그때 유럽에서 이방인이 되어보지 않았다면 몰랐을 것 같아요.

꿈달_ 그런 경험들은 돈 주고라도 해야 하는 거라고 봐요. 그야말로 최대치로 커다란, 이방인이 되는 과정이 필요한 것이죠. 끝에서 끝으로 가게 되는 거니까, 훨씬 더 나라는 사람에 대해서 정밀하게 파악할 수 있는 시간인 거예요.

소 작가_ 예, 코치님이 말씀하신 부분을 정리해보자면, 진정한 성장을

서랍에 넣어둔 나를 찾았습니다

이루기 위해서는 자기에 대한 이해가 선행돼야 된다는 거잖아요. 그리고 동시에 코치님께 여쭤보고 싶은 질문이 있어요. 조금 어려운 질문일 수 있으니 긴장하시고요(웃음).

코치님이 생각하시는 '좋은 성장'이란 무엇인가요?

꿈달_ 예, 좋은 질문입니다(웃음). 앞에서 말한 부분과 연관지어 말씀드리고 싶어요. 남과의 비교 때문에 만들어진, 결핍을 채우려고 발버둥치는 게 아니라 진정으로 무언가를 동경(사랑하고 존중하는 마음, 닮고 싶은 마음)하여 쫓았을 때, 거기서부터 좋은 성장이 일어나지 않을까 싶어요.

강의하는 저를 예로 들자면, '오늘 내 안의 만족도가 더 높아졌어!'라는 느낌, 그러니까 남들과의 비교가 아니라 '어제의 나'에 비해 내가 성장했다는 만족감이 있다면, 그게 좋은 성장 아닐까요? 그랬을 때 비로소 계속 그쪽 방향으로 동기 부여가 돼서 쭉 나아갈 수 있는 것 같아요.

남과의 비교에서 시작한 성장은 끝도, 진정한 만족도 없으니까요. 그러나 '내 마음 속 롤모델'을 정해서 그를 따라가는 건 질투나 단순한 비교 의식과는 다른 부분이겠죠.

소 작가_ 장거리 마라톤으로 살아가야 하는 사람이 단거리 선수를 보고 '저 몸이 부러우니 웨이트를 해야겠어!'라고 하면 안 되는 것과 비슷한 이치네요. 지금 나한테 주어진 사명과 내가 잘할 수 있는 게 장거리 달리기인데 갑자기 저 사람의 몸에 대한 부러움으로 내 길을 놓쳐버리면 안 될 테니까요. 어떻게 보면 코치님이 생각하는 진정한 성장은 '내 고유의 결에 맞는 성장' '내게 주어진, 내가 진짜로 열망하는 것에 집중할 수 있는, 거기서부터 비롯되는 성장' 아닐까 싶네요.

꿈달_ 예, 학부모님들이 저한테 코칭을 요청할 때는 아이들하고 말이 안 통하니까 저한테 코칭을 요청하시는 경우가 많거든요. 아이들이 사춘기이기도 하고 고등학교 진학 전이기도 하다보니 어머님들의 정답은 정해져 있어요. "얘가 이렇게 가면 안 된다" "이러이러한 부분이 너무 걱정된다" 그런 마음들인 거죠. 그런데 사실 그건 어머님들의 걱정이거든요.

대부분 코칭 의뢰를 부모님들이 하시기 때문에 아이들은 거부한단 말이에요. 그래서 저는 오히려 "제가 무료로 30분 정도 아이랑 이야기를 편하게 할 테니까 저랑 이야기 해보고 아이가 괜찮다고 하면 이어나가시라"고 제안 드려요. 왜냐하면 아이의 마음에 변화를 향한 진짜 열망이 있는지가 중요하고, 아이의 선택이 중요한 거니까요.

그렇게 시작해야 아이들의 책임감도 커지거든요.

소 작가_ 일종의 자발성이군요.

꿈달_ 자발성 또는 자기 주체성으로 표현할 수 있겠죠. 그저 유행을 따라가는 성장은 큰 의미가 없을 수도 있다는 거예요. 어쩌면 일부 부모님들은 아이들을 상품화하시는지도 모르겠어요.

서랍에 넣어둔 나를 찾았습니다

좋은 스펙들을 쌓아서 아이들이 좋은 대기업이나 기관에서 잘 뽑혀 갈 수 있도록, 매력적인 상품으로 만들어서 진열대에 올려놓는 거죠. 그래서 저는 "상품화하지 말고 작품을 만들라"고 항상 말씀드려요. 아이가 가지고 있는 고유한 걸 통해서 남들과 비교할 수 없는 작품을 만드시라는 거죠.

이렇게 말하면 마치 상품이라는 말 자체가 나쁜 것처럼 들릴 수도 있는데, 나쁘다는 게 아니에요. 적재적소의 상품도 필요한 거니까요. 다만 내가 가지고 있는 것, 내 안의 내적인 동력을 통해서 성장을 했을 때 비로소 행복을 느끼고 자연스럽게 타인에게도 기여할 수 있지 않을까요?

지극히 의도적으로, "기여해야지" 마음먹고 하는 게 아니라 자연스럽게 나의 위치에서, 내가 하는 일의 본질이 무엇인지 알게 되면 그걸 통해서 누군가는 혜택을 받게 되고 서비스를 받게 되는 거잖아요. 나의 성장을 통해 주변이 행복해질 수밖에 없는 거죠.

소 작가_ 방금 말씀하신 부분 중 '기여'라는 부분이 참 좋네요. 좋은 성장은 '기여'로 자연스럽게 이어지지 않나 싶어요.

꿈달_ 맞아요. 그리고 다시 기본적인 이야기로 돌아가자면, 그래서 자기 자신에 대해서 잘 알아가는 시간이 반드시 필요하다는 거예요. 아이들은 부모님을 통해서 그런 시간들을 가질 수 있겠죠. 사실 지금의 교육은 아이들이 무언가를 다양하게 경험하기보다는, 정해진 코스를 주입식으로 교육 받는 경우가 많잖아요.

그리고 이건 굳이 나이를 제한할 필요가 없다고 봐요. 십대부터, 혹은 이제 정년을 앞두고 있는 60대 혹은 그 이상에 이르기까지, 좋은 성장에 대한 갈망은 필요한 부분이잖아요.

소 작가_ 예, 저도 늦은 건 없다고 봅니다. 지금, 의도적인 멈춤을 통해한 번 자신을 들여다보는 것, 거기서부터 아주 작은 변화의 물꼬를 틀수 있지 않을까 싶네요.

서랍에 넣어둔 나를 찾았습니다

> **episode 9.**

나만의 강점을 세워가기 위해 기억해야 할 것

"최고의 위치에 있는 사람과
비교할 필요는 없죠"

소 작가_ 성장에 대해서 이야기를 하다 보니, 자연스럽게 '강점'이라는 테마와 연결이 됩니다. 아주 단도직입적인 질문을 드리려고 합니다(웃음).

대체, 강점이 무엇인가요?

꿈달_ 강점이란 개념이 예전부터 강조된 개념은 아니라고 봐요. 긍정심리가 대두되면서 사람의 약점을 계발하는 것보다 이미 잘하고 있는 것들을 더 잘 발견하고 활용하며 행복을 누리는 것에 대한 연구들이 많아지면서 최근에 많이 쓰이게 된 용어죠. 코칭에서도 중요하게 사용되는 자원이고요.

우선, 재능이란 건 말 그대로 주어진 거잖아요. 가령, "우리 아이가 피아노를 치는 데 재능이 있구나!"라고 말을 하죠, "우리 아이가 피아노에 강점이 있어!"라고 말하지는 않잖아요. 그런데 처음 발견된 그 재능이 바로 나의 강점이 될 수 있는 거예요. 내가 발견한 재능을, 내 삶을 조금 더 풍요롭게 하고 내가 원하는 목표를 향해 가기 위해서 학문적으로도 공부를 더 하기도 하고 기술적으로 더 연마하면서, 그것이 나의 강

서랍에 넣어둔 나를 찾았습니다

점이 되는 거죠.

그리고 하나 더, 강점은 내가 발휘하고 싶을 때만 발휘할 수 있어요.

소 작가_ 좀 더 자세히 설명해주세요.

꿈달_ 예를 들면 나에게 정직성이라는 강점 덕목이 있을 수 있잖아요. 가령, 누가 나한테 계산을 잘못 해서 잔돈을 더 준 상황일 때 누군가는 정직성과 용기를 바로 발휘해서 "이거 잘못 주셨는데요"라고 이야기할 수 있지만 어떤 사람은 모른 척하고 그냥 또 넘어갈 수 있는 부분이잖아요.

그러니까, 이때 강점은 '내가 정직성과 용기, 이런 것들을, 내가 이 카드들을 꺼내야지' 해서 꺼내는 상황이 되는 거예요. 그러니까 내 의지가 분명히 들어가는 게 강점인 거예요. 내가 발휘하고 싶으면 발휘할 수 있고, 원하지 않으면 안 할 수 있어요. 다시 설명하자면, 재능을 강점화하고 싶어 꾸준히 연마하면서 그것이 나의 '강점'이 되는 거죠. 최근 월드컵에서 손흥민 선수가 축구선수로서의 실력 그 이상의 투지를 발휘했잖아요. 리더로서의 책임감이 더 발휘된 거죠. 그 부분에 사람들이 더 몰입해서 찬사를 보냈고요. 이제는 거의 열정과 투지의 아이콘이 되어버렸죠. 그게 또 손흥민의 어떤 캐릭터가 돼버린 거잖아요. 그래서 강점은 그렇게 만들어지고 발휘될 수도 있는 거예요. 내가 지금 국민들의 이런 성원에 힘입어서 이런 투지를 발휘해야! 그렇게 의지를 내서 발휘되는 부분이라는 거예요.

소 작가_ 코치님 본인의 이야기를 더 들려주시면 좋겠어요. 그럼 코치님 같은 경우는 어떤 강점을 계발하기 위해 노력하셨나요? 어떤 부분을 강점으로 만들기 위해서 애쓰셨는지 궁금해요.

꿈달_ 강점화를 위해서는 내가 나에 대해 생각하는 것이 가장 중요하긴 하지만, 그 생각이 잘 떠오르지 않을 때에는 다른 사람들이 나에 대해 이야기하는 부분을 내가 어떻게 받아들이느냐가 매우 중요하다고 봐요.

예를 들어 저는 어렸을 때 제 목소리가 콤플렉스였거든요. 제 목소리에 귀기울여 본 적도 없고 친구들하고 같이 놀 때, 남자친구들이 제 목소리를 듣고 "남자 목소리 같아"라고 많이 놀렸어요. 그래서 제가 별로 제 목소리를 사랑하지 않았어요.

그런데 오히려 강의를 시작하면서 "강사님 목소리 되게 좋으세요"라는 피드백을 받은 거예요. 그랬을 때, '강사로서 이 목소리가 나의 강점이 될 수 있겠네'라고 제가 관점을 달리하며 '이걸 내가 강점으로 잘 다듬어 봐야겠다'라고 마음을 먹었기 때문에 강점으로 연마하게 된 거죠.

제가 특별히 트레이닝을 받거나 이런 건 아니었지만 그 이후로는 공적인 장소에서 낭독을 하거나 누가 낭독을 시키더라도 읽는 데 조금 더 신경을 쓰게 돼요.

소 작가_ 어쩌면, 내가 잘하고 싶던 부분과 연결되다 보니 더욱 그걸 강점화시키고 싶으셨겠네요.

서랍에 넣어둔 나를 찾았습니다

꿈달_ 그렇죠, 그래서 저는 자신에게 선천적으로 주어진 재능이라도 해도 그걸 나의 재능으로 받아들이고 그걸 내 무기라고 받아들이지 않으면 그것이 강점이 되기 힘들다고 봐요. 주변에서 아무리 "넌 이걸 참 잘해" 혹은 "넌 이 부분에 재능이 있어"라고 해도 그걸 내 것이라고 받아들이지 않으면 활용할 수 없는 거죠.

나한테는 익숙한 것이기 때문에 특별하다고 생각을 하지 않을 때도 많아요. 그런데 그런 피드백들을 주변 사람들로부터 반복적으로 듣고 있다면, 한번 진지하게 생각해 볼 필요가 있는 거죠.

소 작가_ 진짜 그러네요. 재능이 5개나 있어도 강점화되는 게 아무것도 없을 수가 있는 거네요!

꿈달_ 그렇죠. 그리고 첫 번째 걸림돌이 뭐냐면, 최고의 위치에 있는 사람과 나를 비교한다는 거예요. 가령, 제가 이금희 아나운서와 저를 비교하는 거죠. 난 이제 막 재능을 발견했을 뿐인데 '저런 사람과 비교하면 난 재능 없어'라고 주저앉아 버리는 사람도 있거든요.

반대로, '이금희 아나운서처럼 말을 하려면 어떻게 해야 하지?'라고 관점을 바꿔서 그 사람이 어떤 공부를 했고 어떤 일들을 했고 어떤 책들을 썼는가 살펴보는 과정이 중요하겠죠. 그리고 그걸 내가 하나씩 내 것으로 만들어 가려는 단계들을 밟아가는 게 필요하지 않을까요?

소 작가_ 지금 말씀하신 그 포인트는 너무 중요하네요.

사람들은 보통 자기가 잘 해내고 싶은 분야에 있어서 이미 궤도에 오른 '스페셜리스트'와 비교하곤 하죠. 그 사람은 이미 그 부분에 재능을 발견해서 10년, 20년 연마한 사람인데, 그 사람의 수준과 나의 수준을 비교하며 '내가 하는 정도는 모든 사람들이 다 하는 거 아니야?'라면서 접는 경우가 진짜 많다고 보거든요.

꿈달_ 대부분의 사람들은 자기가 잘하고 싶은 것을 놓고 나의 단점인 부분과 최고의 위치에 있는 사람의 최상위 것을 비교하기 때문에 이 갭은 절대로 좁혀질 수가 없어요.

내가 정말 나의 재능을 꾸준히 계발해서 우상향으로 갈 수 있는, 어떤 그래프를 가지고 걸어가면 재능들이 계발돼서 강점이 될 수 있겠죠. 그리고 그 강점을 계속해서 발휘하면 당연히 그 수준이 더 올라가기 때문에 재미가 훨씬 붙을 것이고 몰입하게 될 거고 또 주변 사람들도 그 모습을 보면서 반드시 영향을 받게 되어 있거든요.

'아, 저 사람은 정말 저 부분이 탁월하구나!' 하는 거죠.

소 작가_ 그런 의미에서, 저는 주변에 "너는 이게 강점이야!"라고 얘기해 주는 사람의 존재가 너무 중요한 것 같아요. 대부분의 사람들은 자기 자신 안에 갇혀 있고, 나의 재능은 나에겐 너무 익숙한 재능일 수 있으니까요. 내가 정말 신뢰하고 나를 정말 아껴주는 사람이 나의 어떤 재능을 발견해서 그걸 강점으로 전환시키기를 계속 격려하고 그 부분에 물을 주며 기다려줬을 때 강점이 될 수 있겠다 싶네요.

또 한편, 어떤 재능이 발견됐을 때 그 부분이 강점으로 연결되려면 나의 강점이 상품화가 되는 부분도 무시할 수 없다고 봐요. 우리는 자본주의 사회를 살고 있으니까요. 아주 현실적인 측면에서 말이죠.

꿈달_ 결국 좋은 상품이 되는 것도, 나의 고유한 결이 있어야 가능한 거죠.

저는 상품이 Good이라고 하면 작품은 Great라고 봐요. 그런데 Great가 되려면 진짜 내 고유의, 자신만의 결을 알고 있는 사람이 내가 가지고 있는 것을 충분히 발휘할 때 비로소 가능하거든요. 그러니까 내 것을 포기하지 않고 남들과 달라 보이는, 분명히 다른 무언가를 주장할 수 있는, 내 고유의 목소리들이 있어야 한단 말이죠.

그렇게 연마하고 싶다면 그것이 가능한 공간으로 가야 해요. 내가 정말 연마하고 싶은 그것을 마음껏 할 수 있는 환경으로. 가령, 그림을 그리고 싶다면 내가 계속 그릴 수밖에 없는 환경을 만들기도 하고, 나에게 멘토링을 해줄 수 있는 롤모델을 만나서 계속하여 그런 것들을 발휘할 수 있는 시스템을 만드는 거죠.

물론, 나는 혼자 그림을 그리는 게 편한 사람일 수도 있고, 반대로 같이 협업을 해서 다양한 것들을 콜라보하는 게 재밌는 사람도 있겠죠. 그런데 그런 부분도 현장에 가본 사람만이 알 수 있어요.

소 작가_ 그리고 코치님과 나눈 예전 대화를 떠올려보면 자발성이 중요한 것 같아요. 누군가 처음에 물꼬를 터주더라도 그 부분에 대해 내적으로 동의가 돼서 '내가 정말 이 부분을 계발하고 싶다'는 자발적인 의지가 계속 올라와야 그걸 가지고 갈 수 있는 거겠죠. 또 계속 이곳에서 함께, 나를 향해 물을 부어 줄 수 있는 어떤 한 존재가 필요할 테고요. 그렇게 내 안에서 발견된 재능이 강점으로 계발되어서 그 강점을 가지고 커나갈 수 있다면 그것이 참 좋은 성장인 것 같아요.

그러면서 한 가지 코치님께 여쭤보고 싶은 게 있어요. 저희집 8살 된 딸이 늘 무언가를 그리거나 만들면 저에게 와서 "뭐가 더 잘 그린 거 같아?" 혹은 "뭐가 더 잘 만든 거 같아?"라고 물어보거든요. 그럴 땐, '우리 아이가 이 부분에 재능이 있는 건가?' 하는 생각을 하기도 해요. 어떻게 보면 부모 입장에서 우리 아이의 원석 같은 재능이 처음 발견될 수 있는, 아주 찰나의 순간일 수 있잖아요.

그랬을 때, 제가 어떻게 반응을 해야 할지 사실 좀 헷갈려요. 무작정 칭찬만 하는 것도 아닌거 같고요.

꿈달_ 아주 중요한 질문이라고 봐요.

저는 오히려 아이의 질문에 대해서 즉각적인 답을 줘야 한다는 부담을 갖기보다는, 질문을 하시면 좋겠어요. 내가 칭찬해 줘야지, 라는 부분에 너무 강박을 갖지 않는 거죠. 오히려 아이한테 질문을 하면서 "너는 어느 게 더 마음에 들어?"라고, "꽃을 이렇게 빨간색으로 그렸네, 이거는 왜 빨간색으로 그렸어? 뭘 보고 그린 거야?"라고, 이 그림에 대한 질문을 해 주시면 아이가 아주 신나서 또 이야기할 때가 있어요.

그런데 우린 보통 그게 힘드니까, 더 많은 이야기가 쏟아져 나올까봐 차단하려고, "오 좋았어"라고 끝내는 경우가 있죠(웃음).

소 작가_ 아, 정말 정답이군요.

꿈달_ 분명히 아이들은 그냥 그리지 않아요. 다 나름 생각을 하고 그 여러 가지 색깔 중에 선택을 한 것이기 때문에 아이의 질문에 대해 '너의 관심사에 대해서 나도 관심이 있어'라는 마음을 주는 질문을 할 수 있다면, 아이가 더 깊게 들어갈 수 있을 거예요.

소 작가_ 코치님 얘기를 듣다 보니까 칭찬에 대한 부담을 미리 가질 필요가 없겠다 싶네요(웃음). 오히려 질문을 던지면서 더 깊이 들어갈 수 있는 거니까요.

그리고 다른 부분을 좀 더 나누고 싶은데요. 아무래도 가까운 사람일수록 한 존재의 무언가를 새롭게 봐주는 게 어려울 때가 있잖아요. 계속해서 봐왔던 모습이고, 계속해서 받았던 질문이니까. 그래도, 한 번 더 신선한 눈으로 바라보는 게 참 중요할 것 같아요. 그랬을 때 이 사람의 어떤 부분에 물꼬가 트일 수도 있고 자신의 가능성에 대해서 새롭게 발견하게 될 수도 있으니까요.

물론 코치님처럼 전문적으로 코칭을 하는 분들은 또 전문적으로 잘 봐주실 수 있지만, 일상에서 함께하는 존재의 역할도 중요하다는 거죠.

꿈달_ 서로 역할이 다를 수 있는 거겠죠.

　　나와 일상을 공유하는 가족이나 친구한테는, 어쩌면 정서적인 부분, 즉 인정을 받거나 애정을 받고 싶은 것일 수 있어요. 그러나 전문가한테는 그야말로 전문적인 피드백을 기대할 수 있는거겠죠. 그런 부분들에 대해서 또 각자의 역할이 있다고 봅니다. 그런데 그런 기대감들이 서로 섞여 버릴 때가 있어요.

　　아, 그리고 피드백에 대한 부분을 이야기하다 보니, 피드백을 아주 잘 활용해서 탁월하게 강점을 계발하신 분이 떠오르네요.

소 작가_ 아, 피드백을 아주 잘 활용했다니 어떤 분 얘기인가요?

꿈달_ 최근에 알게 된 한 마케터분이 계신데, 디지털 노마드로 외국으로 여행을 하시면서 일도 하시는 분이었어요.

　　그런데 이분이 처음엔 무대 공포증으로 발표를 엄청 못하시는 분이었대요. 그런데 '내가 좋아하는 영역에서 일하기 위해선 발표력이 반드시 필요하겠다! 이걸 계발해야겠다!'라고 마음을 먹으신 거죠. 달리 말하자면, 강점화를 하겠다고 마음을 먹은 거예요. 그래서 그런 발표를 할 때마다 담당자한테 항상 피드백을 요청하신 거예요. 사실 기업 담당자한테 그런 피드백을 요청하는 게 쉽지 않잖아요. 아무래도 매운 피드백도 많이 올 테니까요. 이분은 어떻게 질문을 했냐면 '제가 발표를 더 잘하고, 성장하고 싶은데 어떤 부분을 제가 보완하면 될까요?'라고 질문

126　　　　　　　　　　　　　　　서랍에 넣어둔 나를 찾았습니다

을 하신 거예요.

그러면 담당자도 처음엔 고민하다가 이분이 성장에 대한 분명한 의지가 있으니 피드백을 준 거죠. 단순히 "너 이거 못했어 저거 못했어"가 아니라 "이러이러한 부분들을 보완하면 좋겠다"라고요. 발표 공포증이 있었던 그분은 계속해서 발표의 자리를 일부러 만들었고 찾아갔고 회사에서도 발표할 일이 있으면 자기를 시켜달라고, 달리 말해 스스로를 계속 낭떠러지로 몰아갔대요. 할 수밖에 없게끔, 자기가 계속 준비할 수밖에 없는 상황으로 자기를 몰아갔고 그에 대한 피드백을 들으려고 적극적으로 노력을 한 거예요. 사람들이 주는 피드백에 대해서는 '이건 나를 도와주려고 하는 피드백이야'라는 프레임을 만들어놓고 그 피드백들을 그야말로 다 주워담아 보완한 거예요.

정말 내 재능을 강점화해서 내 걸로 만들어서 짜릿한 순간을 계속해서 누리고 싶다면 사람들이 나에게 던져주는 피드백에 대한 자세가 중요하다고 봐요. '이 사람들이 날 도와주려고 하는 피드백이다'라고 하는 프레임을 나 스스로가 갖는 게 중요하다는 겁니다.

소 작가_ 그렇죠, 보통 피드백이 오면 화나잖아요(웃음).

꿈달_ 가령, 도저히 내가 납득이 안 되는 피드백이 있다면, 저는 다시 질문을 꼭 드리라고 말씀 드리고 싶어요. 저는 이런 의도로 썼는데 이게 어떻게 좀 그런(말씀하신) 부분으로 보이셨을까요? 이런 식으로요. 좀 더 구체적으로 알려주시면 제가 보완해 보겠습니다, 라는 식으로요. 그렇게 질문할 경우, 설령 내게 정말 적대적인 사람일지라도 '이 사람이 이걸 배우려고 하는 자세가 돼 있네'라고 하면서 오히려 멈칫! 하고 다른 관점으로 나를 바라봐 줄 수 있는 것 같아요.

소 작가_ 어떻게 보면 지금 말씀하신 부분은 나의 진짜 강점이 만들어지기 위한 매우 중요한 과정 같아요. 강점에 대한 '나만의 관점'에 함몰되어 있는 경우도 많으니까요.

꿈달_ 거기에 취해 있을 수도 있죠. 어느 정도 실력이 올라가 있으면 더더욱 그럴 거예요. 전혀 예상치 않은 피드백을 받으면 더 마음이 상하겠죠.

그리고 좋은 팁을 하나 드리자면, 마음껏 서로 피드백 해줄 수 있는 안전한 공간이나 커뮤니티를 만들어도 좋다고 생각해요. 가령, 내가 제안서를 하나 만들었는데 강의하시는 분들 중에 성장을 위해 서로 피드백 해줄 분들이 계시다면 "같이 해보자"며, 그런 공간을 만드는 거죠.

이렇게, 강점이라는 것은 굉장히 다양한 맥락에서 하나하나 엮어 나가야 하는 과정이라고 봅니다.

내 삶을 풍요롭게 꽃피워주는
재능씨앗을 발견하고 강점으로 가꾸기

2018년, 서울에 위치한 '사하라(사랑하라 그리고 하고 싶은 일을 하라) 비전연구소'에서 라이프워크 코칭을 받으며 나란 사람에 대한 정보를 집중해서 찾는 시간이 있었다. 강점? 재능이나 장점 말고 강점? '강점'이라는 단어를 그때 처음 접했던 기억이 있다. 여러 가지 심리검사들 가운데 강점검사라는 것이 있다는 것도 처음 알았고 유료검사 없이도 쉽게 나의 히스토리를 곰곰이 생각해보며 나만의 강점 키워드를 정리해볼 수 있었다.

대부분의 사람들은 자신들의 성공과 행복을 오래 유지하고 싶어한다. 이런, 인간의 최고 상태에 대해 탐구를 하는 학문이 긍정심리학이다. 긍정심리학이 대두되면서 인간의 성장과 변화, 행복과 안녕을 위해 필요한 여러 요소 가운데 강점이라는 키워드가 코칭과 맞물리게 되었고, 자기이해 프로그램이나 청소년 대상 진로지도 수업 등에서 강점이란 키워드는 매우 중요한 자기 정보가 되었다.

강점은 책임감, 꼼꼼함, 기획능력 등 학업 성과나 직무 능력을 나타내는 키워드일 수도 있고 사랑, 정직, 용서 등 성격이나 덕목을 나타내는 키워드일 수도 있다. 좋은 목소리나 큰 신장 등 타고난 신체능력일 수도 있다. 능력이나 성격, 역량 등을 다 포함하는 개념이기에 시중에서 실행해볼 수 있는 검사지에 나오는 테마들은 그 검사의 정해진 척도에 따라 다양하게 표현될 뿐, 그것을 통합하고 해석하여 내 것으로 만드는 것은 결국 '검사자 자신일 것'이다.

참고로 내가 정리한 나의 강점은,
\# 낯선 분위기를 두려워하지 않고 리드하며 웃게 하는 친화력
\# 진정성 있는 나의 이야기를 소통하며 공유하는 것
\# 교육, 진행능력, 그리고 함께함을 누리고 즐거워 할 줄 아는 것
\# 작은 일이라도 끝까지 완성하려고 하는 끈기, 책임감
\# 일단 시작하고 배우려고 하는 도전의식

이러하다. (아니, 이렇게 많다니!)

이 외에도 더 많은 강점들이 있으나 내가 좋아하는 일을 하면서 주로 사용하는 것은 위의 강점들이다. 기존 검사들에서 나온 것들과 내가 스스로 발견하고 인정한 것들을 나만의 언어로 표현했다는 것이 포인트이다.

재능과 강점은 차이가 있다. 재능이 주어지는 것, 즉 타고난 것이어서 자연스러운 사고, 감정, 행동 양식이라면, 그 재능을 학습과 경험을 통해 역량으로 만들어 나만의 무기로 삼으면 강점이 된다. 강점을 사용하면 누가 봐도 자연스럽고 편안해 보인다. '그 사람에게 딱 맞는 옷을 입고 있구

나를 느끼는 것과 비슷하다. 게다가 내가 나의 의지에 따라 원할 때 꺼내 쓸 수 있다. 가령, 인내심이 나의 강점이지만 정의감이 필요한 상황이라면 인내하지 않고 자기 주장을 펼칠 수도 있는 것이다. 그리고 강점은 반복해서 활용하려고 하고 만족감이 있으며 그것을 통해 수행했을 때 느껴지는 나의 감정이 행복에 가깝다. 즉, 몰입할 수 있게 되고 열정이 생기며 계속해서 그것을 활용하려고 하는 아이디어를 낼 수 있는 에너지가 생긴다.

앞에서도 말했듯, '나에게 타고난 재능을 어떻게 가꾸느냐' 하는 것이 강점을 보유하고 활용하는 데 있어 핵심이 된다. 아무리 유머가 강점인 사람도 때와 장소에 맞추는 능력이 없다면 큰 약점이 될 수도 있다. 단순히 재능을 가진 사람들이 그 자체를 즐기는 모습들로 <세상에 이런 일이>라는 프로그램에 나온다면, 그 재능을 단련한 사람들이 타인에게 그것을 기여하며 확장되는 모습은 <생활의 달인>에 등장한다. 이렇게 두 프로그램을 비교하면 '재능'과 '강점'의 차이가 더 분명해질 것이다.

예를 들어, 수개월 전 tvn <유퀴즈>에 나온 장미란 선수의 이야기를 통해 좀 더 쉽게 설명해보자. 장미란 선수는 중학교 때 부모님의 권유로 역기를 처음 잡았을 때 15kg의 무게가 전혀 무겁게 느껴지지 않았고, 코치님이 말하는대로 척척 그 동작을 해내며 주변 선수들로부터 잘 한다는 칭찬을 들었다고 한다. 그리고 열흘 만에 도대회에서 우승을 했다고 하는데 이것은 역도 선수였던 아버지와 스피드를 가진 어머니의 좋은 유전자를 가진 장미란 선수가 자신의 재능을 발견한 첫 순간이었을 것이다.

하지만 재능을 발견한 것으로 끝냈다면, 무거운 걸 쉽게 잘 드는 덩치 좋은 여학생이라는 추억 정도로 끝났겠지만 장미란 선수 특유의 '루틴을 좋아하는 성격'(그래서 태릉선수촌 생활이 좋았다고 한다)과 꾸준함, 근면함, 자기통제력 등이 10여년간 더해져서 세계적인 선수가 될 수 있었다. 즉 장미란 선수만의 재능을 자신만의 독보적인 강점으로 꽃피운 셈이다.

재능을 발견할 수 있는 몇 가지 방법이 있다. 그중 첫 번째는 내가 주변 미디어를 통해 그리고 만나는 사람을 보며 동경하는 마음이 올라오는지 확인하는 것이다. 마음신호등을 잘 확인해야 한다. 그 마음은 정확히 자신만이 알 수 있기 때문이다. 그건 '저 사람을 끌어내리고 싶고 가진 능력을 빼앗고 싶은' 질투의 마음이 아니라 '어떻게 저럴 수 있지?'라는 부러움의 마음에 가까울 것이다.

나는 어릴 때부터 재미있는 이야기를 전달해주는 사람들에게 끌리기도 했고 가까이하고 싶어했다. 학창시절에 같은 과목이어도 재미있는 사례를 들어 전달해주는 선생님들을 좋아했고 (그렇다고 교사가 되고 싶은 것은 아니었다) 십여년 전 방송에 나오는 몇몇 강사들을 좋아하고 동경했다. '저렇게 살면 얼마나 좋을까?' 하는 내면의 소리가 들렸지만 그때는 '감히 내가 어떻게?'라는 생각이 컸고 그저 TV를 통해 보는 것으로 만족했다. 나와는 거리가 멀다고 생각했던 것이다.

그런 내가 서점에서 우연히 본 광고에 관한 책 한권을 집어든 후 운명

처럼 대학에서 광고홍보를 전공하게 되었다. 대학생활을 하며 많은 포지션 중에서도 PT로 사람들을 설득하는 역할을 좋아했고, 교수님과 지인들로부터 "발표를 잘한다"는 칭찬을 곧잘 들었다. 그것은 학교뿐 아니라 교회에서도 마찬가지였고, 나의 발표가 인상 깊었다는 이야기를 들으면 그 어느 순간보다 기뻤다.

아이들 영어방문교사를 시작하면서도 신입교사 OT에 가서 우리들을 교육해주는 교육 강사님께 눈길이 머물렀다. 내가 동경했던 분들의 직업은 다 달랐지만 한 가지 공통된 흐름이 있다면 '메시지를 전달하는 사람'이었다는 것이고 그것을 청중들이 쉽게 이해할 수 있도록 잘 구성해서 마음에 울림을 주는 존재였다는 것이다. 나 또한 사람들에게 이야기하는 걸 좋아하고 재미있다는 소리를 자주 들었으나 그것이 나의 재능이라고 인지하진 못했다. 그 다음을 생각하지 못했기 때문이다.

재능을 발견할 수 있는 두 번째 방법은 '다른 사람에 비해 학습 속도가 빠르고 몰입할 수 있는 일이 무엇인지 확인하는 것'이다. 내게 있어 그것은 발표, 그리고 사람들과 어색함 없이 소통하는 것이다. 지금도 강의를 하기 위해 ppt를 만드는 작업을 할 때는 참고되고 빠른 속도로 하지 못한다. 한편 이것은 기술이기 때문에 자주 반복하면 저절로 숙련이 되는 영역이다. 고로, 이 기술적인 부분이 날 좌절시키는 큰 부분은 아니란 얘기다. 난 오히려 발표 현장에서의 피드백에 더 주목한다. 자기소개를 하거나 발표를 하라고 하는 것에 거부감이 없고 오히려 맨 처음 시켜주길 바라기도 한다. 강의를 하는 횟수가 늘어가면서 더하고 뺄 것들이 정리되고 다른 사람들 앞에서 이야기하는 것이 강점이 된 지금은 오히려 강약을 조절하는 능력까지 더해졌다.

내게 있어 또 하나의 재능은 소통이다. 이것 또한 내가 살아온, 내가 그려온 히스토리를 이해하며 그 안에 무의식적인 사고, 감정, 행동패턴이 무엇인지 인지하고 스스로 인정했을 때, 그것이 비로소 나의 재능이라는 걸 발견할 수 있었다.

나는 무남독녀 외동딸로 컸기에 외부 사람들을 많이 만나야만 외로움을 달랠 수 있었다. 그래서 무리지어 다니길 좋아했고 항상 주변에 사람들이 있어야 행복했기에 모두의 기분을 파악하고 특히 소외되고 있는 사람이 누구인지 알아내는 것에 능숙했다. 세밀히 개별적으로 잘 챙기고 선물하고 대화하면서 모두가 나의 사람이길 원했던 어린 아이의 마음이 있었기에 15년간 학생들과 학부모님들을 만나고 소통하는 것이 어렵지 않았고 지금 코칭과 강의를 할 때에도 그것은 나에게 큰 강점이 되었다. 모두가 내 사람이길 원하는 목적 달성을 위해서만 그래왔다면 결과가 늘 좋지는 않았을 테지만 코칭심리학과 나의 내면에 대한 공부를 하면서 그것을 나와 타인이 원하는 적정한 거리에서 할 수 있는 방법들을 배워가고 있기에 강점으로 사용할 수 있다. 인식하고 난 후에야 조절의 필요성을 알게 된 것이다.

재능을 발견하기 위해 기억해야 할 세 번째 방법은, 내가 생각하는 궁정과 부정의 특징이 내가 어떻게 바라보느냐에 따라 재능이 될 수 있다는 것이다. 나는 저음의 목소리가 콤플렉스였다. 초등학교 시절 남학생들이 "남자 목소리"라며 놀렸던 것이 아직도 생생하다. 낭랑하고 톤이 높은 아이들의 목소리가 참 부러웠다. 그런데 온라인 강의를 시작하면서 종종 "목소리가 귀에 잘 들어오고 내용 전달이 잘 된다"는 피드백을 듣기 시작했다. 난 "이게 진짤가? 그냥 칭찬해줄 말이 없어서 그렇게 하시는 거겠지" 하고 처음엔 반신반의했다.

하지만 나의 강의를 듣는 분들로부터 반복해서 이 얘기를 듣다 보니 '아, 내 목소리가 강의하기에 나름 괜찮구나'라고 스스로 인정하기 시작했고 내 강점으로 삼겠다고 마음을 먹게 되었다. 그 이후론 줌 강의 녹화를 통해 내 목소리를 모니터링하며 조금 더 신경쓰기 시작했고, 강약을 조절하며 최적화하려고 더 노력하고 있다. 즉 코칭메신저로서 강력한 나의 무기가 된 것이다. 그래서 자꾸 사용하고 싶고 새로운 것에 목소리를 활용해 도전하고 싶은 생각이 들게 된다. (최근엔 북토크 진행이라고 하는, 한 번도 상상하지 못한 일에 내 목소리와 진행능력을 마음껏 휘둘렀다.)

위에 명시한 세 가지 방법 외에도, 자신이 생각하기에 그리고 가까운 사람들이 "너 이거 재능이다. 정말 잘한다"라고 말하는 것들에 주목할 수도 있다. 하지만 주목에서 끝내서는 안 된다. 그 재능으로 나와 타인에게 기여할 수 있는 기회들에 지식이나 기술을 더해가며 계속적으로 사용해 보면서 정말 그 재능이 나를 행복하게 하는지, 에너지를 주는지, 그 일 자체가 나에게 보상이 되는지 확인해야 한다. 그러다보면 나중에는 내가 마음먹을 때마다 '강점으로 성장한 재능'을 꺼내 사용할 수 있게 된다. 결국 겁내지 말고 다양한 경험을 충분히 해봐야 이런 것들을 확인해볼 수 있다.

우리는 약점과 결핍을 보는 것에 익숙하다. 거울을 봐도 고치고 싶은 부위만 눈에 띈다. 그러나 약점을 보완하려고 애쓰기보다 관리하는 방법을 찾고, '이 문제를 위해 나의 어떤 강점을 사용할 수 있을까'에 주목하면 내가 성취하고 싶은 것에 더 행복하게 다다를 수 있을 것이다.

또한 내 주변의 내가 사랑하는 사람들을 위해 관심을 가지고 잘 관찰하기를 바란다. 그들이 어떤 강점을 가지고 있는지, 강점이 발견된다면 칭찬하고 인정해주는 것을 아끼지 말자. 같은 강점이라고 해도 사람마다 그 레벨이 천차만별일 것이고 그 고유성을 스스로 인정하고 잘 조절해 사용할 수 있도록 알려준다면, 그들은 자신들의 특성을 모두에게 건강한 방법으로 표현하고 발휘할 수 있을 것이다.

잊지 말자. 강점은 타인과의 비교가 아닌 내 안에 있는 보물을 발견해 나만의 방법으로 잘 사용하는 것이라는 것을. 그리고 그 강점을 내 삶에 소중한 씨앗으로 여기고 잘 가꾼 사람만이 내 삶을 풍요롭게 꽃피울 수 있다는 것을.

<주요 강점검사와 항목>

1. 갤럽강점검사 (34개)

해외사이트 www.gallup.com/cliftonstrengths

1. <위대한 나의 발견 강점혁명> 책을 구매해 검사 가능한 코드를 받아 사이트에서 검사 진행
2. 갤럽사이트에서 옵션 선택 후 직접 결제 후 진행

특징: 177문항 / 4가지 영역 34개 강점테마로 구성 /
분야보다는 역할을 알아보는 데 도움

실행력	영향력	대인관계구축	전략적사고
성취	행동	적응	분석
정리	주도력	연결성	최고
신념	커뮤니케이션	개발	미래지향
공정성	승부	공감	발상
심사숙고	최상화	화합	수집
체계	자기확신	포용	지적사고
집중	존재감	개별화	배움
책임	사교성	긍정	전략
복구		절친	

2. via 강점검사 (24개)

해외사이트 www.viacharacter.org

간단하게 24개의 순위와 정의를 볼 수 있는 무료버전으로도 검사가 가능하며 원하는 보고서 형식을 유료결제하면 더 자세한 내용을 볼 수 있다.

특징: 120문항 / 6개의 덕목과 24개의 성격 강점으로 구성

용기	절제	지혜와 지식	정의로움	인간미와 사랑	초월성
용감성 인내 진정성 열정	용서 겸손 신중함 자기통제	호기심 학습욕구 판단력 창의성 통찰력	책임감 공정성 리더십	사랑 친절 사회성	심미안 감사 낙관성 쾌활성 영성

3. SAI 성인강점검사(22개)

국내사이트 www.strength.or.kr

유료검사

특징: 132문항 / 국내개발 검사이며 강점활용 워크시트 제공

감사, 겸손, 경쟁, 공감, 공정성, 희망, 리더십, 미적추구, 봉사,
끈기, 성장, 신념, 신중성, 용기, 유머, 자기조절, 존.중 창의성,
열정, 통찰력, 포용력, 협동심, 주관적 행복감, 생애만족,
정신건강수준

서랍에 넣어둔 나를 찾았습니다

> *episode 10.*

고민 중인 직장인 A에게 해주고 싶은 말

"우선, 하고 싶은 것부터
신나게 적어보세요"

소 작가_ 오늘은 조금 구체적인 상황을 가정하며 이야기를 나눠보고 싶습니다.

만약, 직장인 A가 있다고 가정했을 때, 그 직장인이 자신의 업(業)을 통해 생계를 꾸려가고 있는데 도저히 자신의 직장에서는 자기 강점이 계발된다고 못 느끼는 그런 상황이라고 상상해보는 거죠. 그리고 이 사람 안에는 자기만의 강점을 계발하고 싶은 마음이 강렬한 겁니다. '내 안에 어떤 강점이 있지 않을까?'라는 믿음은 있는 사람인 셈이죠.

이러한 상황에서 여러 가지 솔루션이 가능하잖아요. 아주 편하게 퇴사할 수도 있고, 아니면 '다 이렇게 사는 거야, 그냥 여기서 돈 벌고 그걸로 살아가는 게 더 행복할 수 있어'라고 생각할 수도 있고, 반대로 그곳에 다니면서 강점을 계발할 시간을 마련할 수도 있고요.

그랬을 때 코치님이라면, 직장인 A에게 어떤 솔루션을 주고 싶으세요?

꿈달_ 제가 그랬던 케이스인데요(웃음). 아이들 영어 가르치는 일을 했잖아요. 저는 사람 만나는 게 그리 어렵지 않았고, 가르침의 방식이 아이들과의 1:1 수업이었고 커리큘럼도 있으니까 성실하게만 해나간다면 꾸준히 할 수 있었던 직업이었죠.

그런데 항상 아쉬움은 있었어요. '이걸 내가 죽을 때까지 하기엔 좀 재미가 없지 않나?' 싶었거든요. 그리고 계속 나 자신이 성장하고 있다는 생각이 들지 않았어요. 매일이 똑같았거든요. 그럼에도 불구하고 제 생활에 만족감이나 행복감이 있었던 건, 일 외에 다른 커뮤니티에서 제가 하고 싶던, 즉 마이크를 잡을 기회가 있었기 때문이었죠. 그 부분에서 내가 가장 잘 하는 걸 통해서 사람들의 인정을 받고 있었던 거예요. 하지만 월급이 주는 안정감은 내려놓기 어려웠죠. 새로운 걸 시작할 용기도 없었고요.

단순히 퇴사를 하고 안 하고는 중요한 부분이 아니라고 봐요. 오히려 중요한 건 내가 하고 있는 일에 어떤 의미와 가치를 두고 할 것인가, 이 부분이겠죠. 내 일에 대한 관점이 바뀌면 문서 하나를 만들어도 분명히 달라질 거라고 봐요. 내가 어떤 마인드를 가지고 만드느냐가 중요한 거죠.

그리고 요즘엔 n잡이 굉장히 유행이잖아요. 자신의 재능이나 장점을 발휘할 수 있는 공간들도 무척 많아졌고 취미로도 무언가를 할 수 있는 것들이 굉장히 많아졌죠.

내가 무언가에 대해 계속 시행착오를 겪어보고 '그 분야에 대한 나의 적성이나 재능을 확인해 보고 싶다'라는 생각이 있다면, 저는 비용과 시간을 들여가며 계속 직간접적으로 경험을 하는 게 중요하다고 봐요. 계속 꾸준히 하다 보면 실력이 향상될 거고, 어느 순간 이것들을 내가 다른 사람에게 알려주거나 돈을 벌 수 있는 구조가 만들어질 수도 있거든요.

그러면 이제 타진해보겠죠. '내가 이걸 정말 업으로도 삼을 수 있을까?'라는 질문에 대해 자신감이 들면 과감히 한쪽으로 갈아탈 테고요, 그게 아니라면 계속 나에게 필요한 안정감을 주는 일을 하면서 다른 일을 보조로 할 수도 있겠죠.

소 작가_ 결국, 내가 하는 일 안에서 다른 것들을 경험해볼 수 있는 공간을 나름대로 마련해 가는게 중요하군요.

꿈달_ 그리고 사실 이런 부분은 자기 성향이기 때문에, '내가 진짜 배고프고 굶어도 그걸 해야만 만족감이 있어!' 하는 분들은 그렇게 해도 되겠죠. 그런데 그게 아니고 충분한 안정감 같은 것들이 있어야만 행복감을 누리는 사람이라면 병행하시는 게 그 분에게는 맞죠.

그래서 자신에게 가장 중요한게 뭔지 알아야 해요. 평생 자신에 대한 탐색을 해야 원하는 삶을 그리며 살 수 있죠.

소 작가_ 맞아요, 이게 모범답안이란 게 있을 수가 없는 게 개인의 성향이나 기질도 매우 중요한 부분이니까요.

꿈달_ 한 가지 케이스를 나눌게요. 아이 셋을 키우며 경력이 단절된 지인분이 아이들을 조금 키워놓고 운동을 하실 수 있는 기회가 생겼어요. 줌바 댄스를 하시거든요. 하다 보니까 스트레스가 풀리고 해방감, 행복 감이 느껴지는 거죠. 그러다보니 더 잘하고 싶다는 마음도 들고, 그러니 까 아무래도 처음에는 그냥 편하게 트레이닝복 입고 하다가 옷도 좀 더 신경 써서 입게 되었어요. 그렇게 신경 써서 꾸준히 하다 보니까 자연스 럽게 신체 지능이 올라갔겠죠.

급기야 이제는 지도자 과정에도 관심이 가게 되면서, '전문적으로 해 볼까?'라는 고민까지 해보게 되는 거예요. 사람 몸에 대해서 관심을 갖 고 자격증도 준비하고요. 전혀 생각하지 않던 부분인데, 이게 나에게 만 족감을 주는 일이니까 계속 배워보고 싶고 성장하게 되는 거죠.

그러니까 핵심은 경험해보는 거예요. 경험, 그게 정말 중요해요. 요 즘은 원데이 클래스도 많잖아요. 원데이 클래스도 들어보고 동호회에 도 들어가보고 독서 모임도 해보고, 거기서부터 파생되는 나의 물결을 잘 따라가 보는거죠.

우린 사실 시작을 하면 그걸 끝까지 해야 한다는 생각을 자주 해요. 끝까지 안 갈 거면 시작을 하지 말자! 실패자가 되고 싶지 않다! 그런데 그렇지 않아요. 경험하는 것만으로도 나의 마음이 어디로 향하는지, 내 가 단순히 호감 정도를 갖고 있는 것인지, 아니면 더 깊은 열망이 있는 지 확인할 수 있으니까요.

소 작가_ 핵심은, 경험이군요.

꿈달_ 예, 정말 그래요. 제가 아이들 대상으로 진로 교육을 나가면 "너 하고 싶은 거 적어 봐" 해요. 그러면 애들이 못 쓴단 말이에요. 뭔가 전문직으로 진로가 딱 정해진 아이들이 아니고는 적지 못해요. 이미 자기 안의 한계를 잔뜩 만들어놓고 있거든요. 게다가 아이들은 그 첫 스텝을 적으면 당연히 그걸 자기가 끝까지 이뤄야 한다고 생각해서 못 적는 거예요.

그럴 때 저는 "아니야, 그거 안 해도 상관없어! 그냥 지금은 선생님과 함께 내가 하고 싶은 걸 찾는 과정을 시뮬레이션 하는 거야. 이거 안 돼도 돼. 그러니까 네가 하고 싶은 거 다 적어 지금" 이렇게 안내해요. "수의사 되고 싶으면 수의사를 적고 모델이 되고 싶으면 모델을 적어. 그럼 모델이 되려면 뭘 해야 하고 뭘 경험해야 하고 어떤 정보를 찾아봐야 하는지, 지금 니 손으로 직접 한번 선생님이랑 해보는 거야. 그래서 니가 정말 먼 훗날에 많은 경험을 해서 되고 싶은 걸 찾았을 때 지금 한 것처럼 네가 직접 이 과정을 그때 실행해보면 돼." 그렇게 말해주는 거죠.

소 작가_ 와우, 지금 듣다가 순간 짜릿했습니다.

꿈달_ "부담 느낄 필요 전혀 없어. 뭘 적어도 돼"라고 이야기하면 애들이 하나둘씩 자기가 진짜 하고 싶은 걸 적어 내려가기 시작해요.

사실 이건 단순히 아이들에게만 국한된 얘기는 아니겠죠. 어쩌면 성인들은 그런 두려움 혹은 자기 한계를 더 깊이 느끼며 살아가잖아

서랍에 넣어둔 나를 찾았습니다

요. 앞에서 제가 '경험'을 강조했죠. 그걸 다르게 표현하자면 넘어짐의 시간이에요. 그게 필요해요. 그래야 그 다음으로 갈 수 있거든요.

그 다음에 무엇이 있을지는 아무도 모르겠죠. 정말 놀라운 게 나를 기다릴 수도 있고, 그 놀라운 걸 향해 가기 위한 징검다리가 있을 수도 있고요.

소 작가_ '넘어지는 시간'이라는 표현이 좋네요.

꿈달_ 그럼요, 고꾸라져 봐야죠. 강의로 비유하자면, 한번 강의하다가 실수를 해봐야 '아, 다음에 이걸 꼭 준비해와야겠다. 이런 상황이 발생할 수도 있네!'라고 깨닫잖아요. 고꾸라지면 어떤 식으로든 심리적인 타격이 있긴 하죠. 그러나 그 고꾸라짐으로 인해 나의 성장을 위한 체크 리스트가 만들어진다면, 나한테 심리적 타격만 준 사건만은 아닌 거겠죠.

그것이 분명히 나한테 성장 징검다리가 되어준다고 봐요.

소 작가_ '성장 징검다리'라는 표현, 제 마음에 담아갑니다.

꿈달_ 90도 각도로 수직 성장하는 사람이 어디 있겠어요. 좀 비스듬하더라도 나선형으로, 오르락 내리락 하더라도 어쨌든 우상향으로 올라가는게 중요하죠. 그 그래프가 멈추지만 않으면 돼요.

소 작가_ 내가 지금 잘 살고 있는 건가, 이 일이 나에게 맞는 건가 고민하는 직장인A가 있다면 오늘의 이 대화를 나중에 꼭 읽어보면 좋겠네요(웃음).

영어 교사로 살았던 십수 년에 담긴 의미

"인간 이은숙이 좀 더
숙성되는 시간이었습니다"

소 작가_ 코치님, 오늘은 코치가 되기 전 십수 년 동안 영어 방문 교사로 살아오셨던 시간들을 듣고 싶어요. 이 이야기를 사실 인터뷰 초반에 자세히 나누고 싶었는데, 오히려 코치님의 다른 많은 이야기를 듣고 나서 수개월이 지난 후에 듣게 되네요(웃음).

꿈달_ 예, 그러네요(웃음). 사실 저는, 제가 누구를 가르치는 일을 할 거라고 생각을 해본 적이 없어요. 특히 그 대상이 아이들일 것이라고는 한 번도 상상한 적이 없거든요. 그런데 광고인을 꿈꾸며 대학을 졸업했지만 건강이 안 좋아지면서 '내가 지금 상황에서 할 수 없는 것에 마음을 두고 스트레스를 받는 것보다 지금 이 상황에서 내가 시작할 수 있는 일을 찾아보자' 하다가 찾은 일이 바로 아이들에게 영어를 가르치는 거였죠. 친한 친구가 집 근처에서 하고 있어서 익숙해 보였고 친한 지인들이 함께 있어서 재밌게 했어요.

지금 생각해보면 그 일이 제가 원하던 베스트는 아니었기 때문에 뭔가 불평불만을 가지고 힘들게 스트레스 받으면서 할 수도 있잖아요. 그런데 막상 해보니 의외로 그 일이 어렵지가 않았어요. 또 교회에서 교사로 활동하던 때여서 아이들을 1:1로 대하거나 아이들을 만나러 가정으

서랍에 넣어둔 나를 찾았습니다

로 가는 게 그리 불편한 일은 아니었던 것 같아요.

한 마디로, "완전히 좋다"도 아니었지만 "이건 진짜 못하겠다"도 아니었기 때문에 계속 해나갈 수 있었던 거겠죠. 시간 관리를 제가 어느 정도 할 수 있고 저의 컨디션을 조절하면서 할 수 있었기 때문에 계속 진행을 했어요. 그렇게 3년, 5년이 지나면서 '아이들을 대하고 학부모님들을 대할 때 그냥 하면 안 되는구나' 이런 부분을 점점 깨닫게 되었어요. '아이들한테 하는 말, 같이 보내는 시간, 이런 부분들이 진짜 한 존재에게 굉장히 중요한 일이구나!' 그걸 많이 알게 되었죠.

그리고 가정이 진짜 중요하다는 걸 깊이 깨닫는 시간이었어요. 불가피하게, 인격적으로 어른답지 못한 부모님들을 저도 맞닥뜨릴 때가 있잖아요. 그럴 땐 아이에 대한 걱정이 참 많이 되더라고요. 반대로 좋으신 분들을 만나면 '내가 부모가 되면 저렇게 아이들을 대해야지' '나도 가정을 꾸리면 이렇게 해야지' 그런 다짐도 했고요.

소 작가_ 예, 코치님. 이 부분은 좀 더 자세히 말씀해주시면 좋겠어요.

꿈달_ 제가 지도한 아이들 가정 중에 교사분들 자녀도 굉장히 많았어요. 심지어는 저랑 같은 일을 하고 있는 분의 자제분인데도 정작 자신의 아이는 케어가 안 되는 경우도 있었죠.

'객관적으로 자녀를 관찰하고 케어한다는 게 쉬운 일이 아니구나! 이게 전문가들도 자기 아이의 숙제를 30분이라도 제대로 봐주는 게 이렇게 어려운 일인가?' 이런 생각을 되게 많이 했어요. 그러면서 '자녀 교육에 대한 부분은 진짜 어려운 거구나, 이거는 전문가라고 해서 할 수 있는 게 아니라 사랑이 없으면 할 수 없구나'라는 생각을 하게 되었어요. 그리고 외형적인 경제적 수준과 아이가 느끼는 안정감이나 행복이 정비례하지는 않는다는 것도 알게 되었죠.

한 가정이 떠오르는데요. 아이가 굉장히 아팠던 어머님이 있었어요. 그래서 이 친구는 제가 그만두고 나서도 개인적으로 과외를 3년 가까이 유지하고 그 동생도 고3 마무리까지 함께 했어요.

저는 그 어머님이 지금도 정말 존경스러워요. 아이가 진짜 원인 모를 질병도 있었고, 병원에 다니며 치료를 받아도 한 번에 낫는 병이 아니었거든요. 지속적으로 기절도 했고, 책상에 앉을 수 없는 몸 상태인 경우도 많았어요.

그런데 그 어머님께서는 아이를 케어하시면서 진심으로 기도하시고 아이를 사랑으로 품으셨어요. 그 모습을 저한테 많이 보여주셨죠. 정말 온전히 그 존재를 믿어주시고 "애 이렇게 아픈데 어떻게 해요?"가 아니라 그냥 아픈 그 자체로 이 아이를 존중하고 믿어주고 오히려 저를 다독여주실 정도였으니까요. 그래서 감사하게도 지금은 학교에 들어갔고 부쩍 건강해졌고 자기가 원하는 심리학 공부를 하고 있어요.

아이는 온전히 자기의 몫을 가지고 태어나더라고요. 아이를 진심으로 존중하고 신뢰해 주는 분명한 울타리가 있으면, 아이들은 얼마든지 그 안에서 좌충우돌하면서 자기의 몫을 살아내는구나! 이런 소중한 메시지들을 그 어머님을 통해 저는 배웠던 것 같아요.

소 작가_ 어떻게 보면, 코치님은 그 시간을 통해 이미 코칭 수업을 받으신 것 같아요.

꿈달_ 예, 돌아보니 정말 그러네요.

소 작가_ 예, 그리고 한참 어린 대상과 소통하면서 자연스럽게 소통 훈련도 하셨을 듯합니다. 아이들과 관계 맺는 게 결코 쉬운 게 아니잖아요(웃음).

꿈달_ 예, 맞아요. 제가 지도하던 아이들 중에 자폐가 있던 친구들도 있었어요. 처음에는 '이 친구들을 어떻게 대해야 할까?' 걱정을 하면서 가긴 했는데, 저는 '이 아이들이 다른 아이들과 똑같다'고 생각하며 대했던 것 같아요. 그냥 '괜찮지 뭐' 이렇게 하는 게 아니라 숙제 안 하면 안 하는 대로 똑같이 혼냈거든요. 그 어머님들도 "우리 아이가 특별하니 뭔가 봐 달라"고 이야기하는 게 아니라 "선생님, 다른 학생들과 똑같이 해 주세요"라고 저한테 먼저 요청을 하셨죠.

소 작가_ 코치님, 한편 질문드리고 싶은 부분이 있어요. 아주 냉정히 말하자면, 지금 하시는 일에 있어서 영어 방문 교사로서의 15년 경력이 본질적으로야 도움이 될 수 있지만, 소위 말해서 스펙적으로는 큰 도움이 안 될 수도 있을 거 같거든요. 혹시 그랬을 때, '내가 방문영어교사로 살았던 시간에 하루라도 더 빨리 지금 하고 있는 일을 찾았으면 어땠을까?' 그런 후회 같은 걸 하신 적은 없으시나요?

꿈달_ 사실 당시 그렇게 얘기하는 친구도 있었던 것 같아요. 주변에서 "너 이거 하기에 너무 아깝다"거나 "다른 거를 해봐라" 이렇게 말하기도 했거든요. 그런데 저는 그때 와닿지가 않았어요. 우선 차선책이 없었거든요. 학교에서 제가 광고를 전공했고 그런 것들을 무척 좋아하는 걸 알았지만 그때는 아예 엄두를 못 냈던 것 같아요.

물론, 세바시나 테드(TED) 같은 강연 프로를 보면 가슴 떨리기도 했어요. '저렇게 하면 얼마나 좋을까' 했지만 제가 할 생각은 감히 못 한 거죠. 그런데 한편 생각해 보면 그 일을 하면서도 저는 학부모님들이 오셔서 뭔가 교육을 들어야 될 때는 진행을 했거든요. '영어 말하기 대회' 같은 게 열릴 때도 제가 사회를 봤고요. 그렇게 마이크를 간간히 잡으면서 제 마음속 깊은 열망을 충족시켰던 거 같아요.

소 작가_ 그러시군요. 저는 가끔 기자를 꿈꿨던 10년의 세월이 아깝다는 생각을 하거든요. 좀 더 빨리 지금 하고 있는 일에 몰입했으면 어땠을까, 싶기도 하고요.

꿈달_ 흠, 제가 10년 전에 지금 이 일을 했으면 소위 말해 제가 있는 분야의 탑 리더가 됐을까요? 냉정히 말해 그건 또 아닌 것 같아요. 만일 전공을 살려 바로 광고회사에 들어갔다면? 일은 정말 잘했을 거예요. 당시 칭찬도 많이 받았으니까요. 그런데 그냥 완전히 일에만 몰두

해서 주변을 초토화시키는 일쟁이로 살지 않았을까 싶어요. 좋은 인간이었을 것 같진 않거든요. 그래서 오히려 '되게 다행이다'라는 생각도 해요.

그리고 저는 방문교사로 일한 15년을 통해 굉장히 다양한 사람들을 만나면서 감히 누군가를 평가하고 판단하는 그런 부분들이 꽤 많이 다듬어졌다고 봐요. 지금도 그런 부분들을 가장 조심하고 있고요. 그래서 그 시간이 저한테는 반드시 필요한 시간이었던 셈이에요. 지금에 와서 제가 이 일을 큰 마음 먹고 시작할 수 있을 때까지, 제 그릇이 준비될 때까지, 인간 이은숙이 좀 더 숙성되는 시간이었다고 봐야겠죠?(웃음).

소 작가_ '좀 더 숙성되는 시간'이라는 말이 참 좋네요. 그럼 좀 더 '숙성'이라는 단어에 집중해서 마지막 질문을 드리려고 합니다. 이제 코치로 살아가시면서, '코치 이은숙'은 어떤 숙성을 경험하고 있나요?

꿈달_ 흠, 예전에는 아이들 수업을 진행하거나 제 이야기를 듣는 아이들의 태도를 보며 못마땅할 때가 있었어요. 제 얘기에 집중하지 않을 때면, 나를 인정하지 않는 것 같다는 생각도 했죠. '니가 지금 내 수업을 방해하는 거야!'라고 여기기도 했고요.

그런데 지금은 학교에 나가서 아이들 대상으로 수업을 할 때 "쟤는 저런 애야!"라는 식으로 태그를 빨리 붙여버리는 게 아니라 그 행동 이면에 있는 부분을 보게 되는 거 같아요. 쉽게 말해 그 아이의 전체를 보려고 하는 거죠.

입장을 바꿔 생각해보면, 아이들이 나를 만나는 1시간을 토대로 "저 선생님은 이러이러한 선생님!"이라고 평가하면 억울하잖아요. 마찬가지로 아이들이 특정한 방식으로 행동하는 건 그 아이가 원하는 무언가가 있다는 거겠죠.

다만 그런 것들을 건강하게 잘 표현할 수 있는 방법들을 알려주는 게 제 역할이라고 봐요. 자신의 감정들을 잘 캐치하고 그것들을 남들도 잘 알 수 있게끔 표현하는 방법을 알려주는 거죠. 잘 배우면 자신들이 원하는 걸 충분히 표현하며 훈련해질 수도 있고 또 남들과의 소통도 잘 할 수 있을 테니까요. 결국에는 자기가 원하는 것들을 찾아갈 수도 있고요.

소 작가_ 대중의 반응에 일희일비하지 않고, 거슬려 하지 않는 것이야말로 고수의 기준인 것 같아요. 전 아직 중수라서 그날 컨디션에 따라 달라 거슬리기도 하고 안 거슬리기도 하더라고요(웃음).

꿈달_ 저도 예전엔 그랬어요. 요즘은 음악 듣고 있는 학생들이 있으면 "선생님도 같이 좀 듣자" 이런 식으로 말하거나 "요새는 뭐 듣길래 선생님 얘기보다 좋냐?" 하면서 그 관심사를 같이 들여다보려고 하죠. 화장한 친구들한테는 "선생님 오늘 화장 어떻니?" 이렇게 물어보기도 하고요. 이런 걸 물어보면 아이들이 조잘조잘 얘기를 해주고, 2교시 3교시 때 저를 바라보는 시선이 달라져요.

네가 여기 있구나! 교실에 그냥 엎드려 자는 애가 아니라 너도 여기 일원이고 너도 여기 있구나! 이런 부분을 표현하면 아이들은 다른 존재가 되는 것 같아요. 그래서 최대한 이름을 불러주려고 하는 편이에요. 그렇게 이름을 불러주면 아이들이 달라지더라고요.

성공과 실패에 대한 꿈달 코치의 철학

"관찰이 중요해요,
그러려면 관심이 있어야 하죠"

소 작가_ 코치님과 이야기를 나누다보니 제게 드는 느낌은, '코치님이 코치님의 과거를 성공과 실패로 규정하지 않는다'는 겁니다. 사실 우린 자신이 해온 일들이나 쌓아온 경험들을 '성공' 혹은 '실패'로 거칠게 구분하기도 하잖아요..

성공 혹은 실패에 대해서 코치님은 어떻게 생각하시나요?

꿈달_ 제가 코칭을 배우고 생긴 습관이 항상 정확한 정의를 찾아보는 거예요. 실패의 경우 "자기가 뜻하는 바를 이루지 못한 것"이라는 정의가 있거든요. 즉, '뜻한 바'가 되게 중요한 거죠. 그런데 사실 대부분의 사람들은 자기가 뜻한 바가 뭔지를 잘 몰라요. 자기 자신으로부터 나온 동기들이 아니고 대부분은 남들이 정해놓은 기준, 혹은 누군가 "해야 된다"고 하니까 내 것인 줄 알기도 하니까요.

특정 대학에 가야 하거나 특정 회사에 들어가야 되거나 특정 사람을 만나야 되거나 결혼을 해야 한다거나, 뭐 이런 '꼭 해야만 하는' 나름의 미션들이 있다는 거죠. 보통 그 미션에 도달하지 못한 걸 실패로 규정할 때가 많아요. 게다가 그 미션은 타인이 정해놓은 기준인 경우도 많죠. 그런데 그건 제 경우가 아니잖아요. 제가 특정 대학에 들어가고, 특정 직장에 들어가고, 특정 사람을 만났다고 해서 핑크빛 미래만 있었을까요? 그건 누구도 알 수 없는 것 같아요. 결국 제가 살아나가야 하는 것이니까요.

저는 저를 돌아보면 실패라고 딱 생각된 게 하나도 없어요. 그래서, '왜 나는 실패라고 생각을 안 할까?' 생각해보았어요. 가만 보니 그때는 제가 원하는 바를 잘 몰랐기 때문에 그건 아예 실패가 아니었던 거죠. 그리고 실패를 정하는 건 저 스스로인 거예요. 남들이 "너 그거 실패했구나"라고 말하는 게 아니라 '내가 그 상황을 어떤 관점으로 보느냐'에 따라 이게 진짜 실패일 수도 있고 아닐 수도 있는 거잖아요.

그리고 진짜 실패는 '그 실패라고 여겨지는 상황 때문에 아무것도 하지 않는 거' 아닐까요? 그래서, 실패를 했다면 일단은 뭔가 작은 것이라도 시도했다는 것이므로 그 자체만으로도 '앞으로 나아갔다'고 생각해요.

소 작가_ 어찌 보면 '뭐라도 남은 실패'와 '진짜 실패'는 큰 차이가 있는 거군요.

꿈달_ 예, 그렇죠. 가령, 강의도 그렇잖아요. 누군가 나를 선택해줘야 제 강의를 할 수 있는 거죠. 그럼 제가 할 수 있는 건 제 강의를 최선으로 만들기 위해서 열심히 콘텐츠를 공부하고 강의안을 만들고 그 다음에 여러 곳에 제안서를 보내는 거겠죠. 그 부분에서 성공할 확률을 높이는 것까지는 제가 할 수 있겠죠.

　하지만 선택을 받지 못했다고 해서 제가 하는 일들이 무의미한 건 절대 아니란 말이에요. 그리고 내가 그렇게 노력한 것을 누군가는 분명히 보고 있기 때문에 어떤 식으로도 연결되는 부분이 있을 거고, 가장 중요한 건 '그렇게 내가 할 수 있는 것에 최선을 다한 나'를 적어도 나 자신은 알고 있다는 겁니다.

　최근에 한 대학 신입생들 대상 강의 제안서를 보낸 적이 있었는데 그 강의는 채택이 되지 않았어요. 하지만 방학 때 재학생들을 대상으로 하는 내용에는 적합할 것 같다면서 연락을 해오신 적이 있었어요. '이건 안 될 거야'라는 생각보다는 선택되지 않더라도 그 제안서와 그것을 보내는 내 태도에 진심을 담는 게 중요하다고 봐요. 또한 거절되었을 때도 검토해주신 것에 감사를 표하는 것이 담당자에게는 남들과는 다른 차별점으로 보여지게 되는 거죠. 내가 원하는 때와 장소가 아니더라도 분명 다른 기회들이 주어지는 연결점이 될 거예요.

소 작가_ '그렇게 내가 할 수 있는 것에 최선을 다한 나'를 나 자신은 안다는 부분이 매우 중요해 보입니다.

꿈달_ 사람들은 대체로 꼭 누군가한테 인정을 받아야만 내가 뭔가 했다고 생각하는 경우가 많아요. 그러나 내가 나 스스로에 대해서 인정해 주는 부분이 있으면, 그건 절대로 실패가 아니라고 보거든요. 그리고 내가 계획한대로 되지 않더라도 그렇게 안 된 이유를 하나 더 얻어가면 되는

　서랍에 넣어둔 나를 찾았습니다

거겠죠. 안 해봤으면 몰랐을 실패 요인을 얻어가는 건 '시도한 자'만이 얻을 수 있는 실패의 열매겠죠. 그리고 내가 원하는 때에 맞는 성취가 당장 이뤄지지 않아도 괜찮아요. 이 세상에 의미없는 일은 없잖아요. 큰 그림 속에 나의 목적이 무엇인지 잊지 않는게 중요하죠. 결국 내가 하는 모든 시도들은 그 과정 중에 일어나는 도약들일 테니까요.

그래서 저는, 성공과 실패를 좀 더 큰 그림 속에서 바라보는 것이 중요하다고 생각합니다.

소 작가_ 예, 참 좋은 지점을 말씀해주셨네요.

한편, 듣다가 궁금한 게 생겼습니다. 사실 우리들에게 있어 작은 성취의 경험들은 굉장히 중요하잖아요. 그러나, 아무리 실패를 통해 교훈을 배워도 실패가 10번 이상 반복되면 자신감이 가라앉겠죠. 작은 성취가 쌓여야 신나서 다음 단계로 갈 힘을 얻는 거잖아요.

꿈달_ 저는 성취에 있어서 감정이 중요하다고 생각해요. 많은 독자분들이 알고 계실 김창옥 교수님 강의에서 들었던 내용인데요, 김 교수님께서 "행동을 하기 전, 그리고 한 다음에 감정을 잘 들여다봐야 한다"고 이야기하더라고요. 그러니까 결국 나한테 있어서 성취감을 주거나 나를 성장하게 만드는 건 '하기 전에 강하게 드는, 너무 하고 싶은 열망의 감정'이 아니라 '하고 났을 때 밀려오는 좋은 감정'이라는 거죠. 보통 운동을 가기 전에는 정말 백번은 고민하잖아요. 억지로 갈 때가 많죠. 그런데 막상 운동하고 나면 진짜 개운하거든요. 하길 잘했단 생각이 들죠. 성취감, 개운함, 자신감 같은 감정들 말이죠.

사람을 만나는 것도 그렇죠. 너무 만나고 싶었지만 막상 만나고 나니 되게 찝찝할 때도 있지만, 반대로 뭔가 기대 안 하고 귀찮은 마음을 꾹꾹 누르며 만났는데 집에 갈 때는 '정말 이 사람 만나길 잘했다. 너무 배울 게 많았다'라는 생각과 함께 뿌듯함, 행복, 설레임 같은 감정이 밀려올 때도 있잖아요.

소 작가_ 맞아요, 그럴 때가 꼭 있어요. 만나기 전과 후가 완전히 다를 때.

꿈달_ 그래서, 어떤 부분이 내게 긍정적인 에너지를 주는 것들인지에 대해 살필 필요가 있어요. 내가 진짜 원하는 부분을 이루지 못했지만 그것보다 더 큰 가치가 내 안에서 깨달아진다면, 긍정적인 감정들이 올라오게 되잖아요.

그렇기 때문에 작은 것이라도 시도하며 움직이는 게 중요하다고 생각해요. 그렇다고 해서 너무 급발진하거나 무리해선 안 되겠죠. 그리고 방금 전 말씀해주신 것처럼, 계속 반복해서 하고 있지만 암초에 자꾸 부딪혀서 좌절감을 느낄 땐 나 스스로를 다독이는 나만의 방법이 반드시 있어야 해요. 내 감정과 스트레스 같은 것들을 다스릴 줄 알아야 '회복탄력성'으로 연결이 돼서 내 감정도 객관화 해볼 수 있고 다음으로 나갈 수 있는 토양을 다시 다져갈 수 있는 것 같아요.

서랍에 넣어둔 나를 찾았습니다

관성적으로 다른 사람의 관점을 빌리지 않고, 내가 나를 돌아볼 수 있는 성찰의 시간들을 꼭 확보했으면 해요. 그게 있다면 외형적으로 보이는 실패와 성공으로 자신의 시간들을 분류하지 않을 수 있을 테니까요.

소 작가_ 관성적으로 다른 사람의 관점을 빌리지 않고, 나 스스로에 대한 너무 가혹한 판단을 잠시 유보하는 태도가 무척 중요해 보입니다.

꿈달_ 그리고 성취라는 부분을 일상의 아주 소소한 부분에서 쌓아나가는 게 중요해요. 가령, 내가 자고 일어난 이부자리를 깔끔히 정리하는 것도 아주 작지만 소중한 성취일 수 있죠. 머리 손질이 잘 됐을 때도 그렇고요. 머리 손질 잘 되면 엄청난 성취감을 느끼잖아요?(웃음)

소 작가_ 아 머리 손질, 그 부분에서 저는 늘 성취감을 잘 못느끼는 편입니다(웃음).

꿈달_ 그러시군요(웃음). 제가 지속적으로 강조하고 싶은 핵심은 이러해요. 외부 요인을 기준으로 삼기보다는, 내 안의 어떤 작은 부분을 관찰하려고 하는 게 중요하다는 거죠.

그리고, 관찰하려면 관심이 있어야 해요. '내가 오늘은 어떤 부분이 좀 달라졌을까?'라고, 나 스스로를 그렇게 보기로 마음을 먹어야 보이니까요. 제가 소통에 대해 작가님과 이야기를 나누며 '관찰'을 강조했잖아요. 그 관찰이란 건 상대방을 향한 관찰만이 아니라, 나 스스로를 향한 관찰도 포함된다고 봐야겠죠.

　이미 짜여진 프레임으로 나를 바라보지 않고 최대한 신선한 눈으로 나를 관찰하는 것, 그게 중요합니다.

소 작가_ 안경이 너무 오래되었다면, 바꿔줄 필요도 있겠군요(웃음).

꿈달_ 맞습니다!

> **episode 13.**
꿈달 코치가 꿈꾸는 코치의 길

"일단, 저지르고
수습하는 편입니다"

소 작가_ 오늘은 지금까지 드렸던 질문과는 조금 다른 질문을 드리고 싶습니다. 코치님이 스스로를 '계속해서 어떤 지점을 향해 나아가는 수련생'이라고 가정했을 때, 코치님한테는 혹시 어떤 부분이 걸림돌인지 궁금합니다. 반드시 부정적인 의미에서의 걸림돌이라기보다는, 좀더 의미 있는 성취를 하려고 함에 있어서 코치님만의 극복하고 싶은 영역이 있을 거 같거든요.

꿈달_ 흠, 흥미로운 질문이네요(웃음). 걸림돌이라는 표현보다는, 제가 하지 않으려고 애쓰는 부분이 있긴 해요. 저 스스로를 남들하고 비교하지 않으려고 노력하거든요. 제 주변을 보면 너무나 훌륭한 코치님들이랑 강사분들이 분들이 많아요. 자꾸 이런 분들의 성취나 실력, 그리고 새롭게 성장하시는 모습들이 저에게 전달되거든요.

소 작가_ SNS 영향으로 타인의 성취나 성장에 영향을 받기가 너무나 쉬워진 환경이죠.

꿈달_ 맞아요. 그런데 그걸 보며 나와 비교하기 시작하면 끝도 없는 거예요. 그것에 즉각적으로 반응하다보면 이것도 배워야 되고 저것도 배워야 되거든요. 저는 그걸 어느 순간 내려놨어요. 오히려 지금은 '내가 잘하는 게 뭐지?' '저 코치님과 내가 다른 게 뭐지?'라고 고민하며 저만의 특별함이나 차별점을 찾으려고 하는 편이에요.

그 사람과 내가 같은 강의를 해도 다른 존재이기에 다를 수 밖에 없음을 인정하고 아무리 내가 같은 공부를 하더라도 완벽할 수 없다는 것을 받아들여야만 그 상황이 객관적으로 받아들여지는 것 같아요.

오히려 지금은 일단 저지르고 수습하는 편이에요(웃음). 제가 한 번 도전해보고 싶은 영역이나 배워보고 싶은 영역이 생기면, 일단 도전하는 거죠. 그러면 자연스럽게 더 공부하고 몰입하는 경험들을 하면서 조금씩 더 성장해 나가는 거죠. '내가 100% 완벽하게 다 준비가 된 다음에 뭔가 해야지' 그렇게 마음 먹으면 이미 그 판이 끝나 있더라고요.

오히려 일단 시작을 하면서 공부하고 몰입하면서 나의 성장을 스스로 체크하다 보면, 주변 사람들과의 소모적인 비교 의식으로부터 조금은 자유로워질 수 있는 거 같아요.

그리고 내가 선망하는 누군가도 분명 자기 스스로에 대해서 "아쉬운 것들이 장점보다 더 많아"라고 이야기하지 않을까 싶어요. 결국 우린 다 똑같은 사람이고 부족함 투성이잖아요. 내가 잘 할 수 있는 부분, 내가 제일 잘 만들어갈 수 있는 영역이 무엇인지에 더 집중하려고 해요.

소 작가_ 지금 나눠주신 부분은 정말 일생에 걸쳐서 중요한 부분 같아요. 개인의 불행이라는 것도 소모적인 비교의식으로부터 비롯되는 경우가 워낙 많잖아요. 어쩌면 나의 초점을 타인에게 맞추는 게 아니라 나 스스로에게 맞추면서 '꾸준히 성장하고 있는 나'를 구체적으로 느껴가는 게 중요하지 않을까 싶습니다.

이어서 다른 질문을 드리고 싶어요. 코치님만의 장점 같은 걸 나눠주시면 좋겠어요. 일종의 셀프 칭찬 같을 것일 수 있겠네요(웃음).

꿈달_ 흠, 전 유머요(웃음)

소 작가_ 아, 부럽습니다. 저는 이거 노력해도 안 되더라고요.

꿈달_ 저는 타고난 것 같아요(웃음). 엄마의 영향이기도 한데요. 제가 노력하지 않아도 가지고 있는 가장 큰 장점이고, 그래서 감사해야 하는 부분인 것 같아요. 제가 뭔가 한마디 던질 때 특별히 치밀하게 계산하고 던지는 건 아니거든요.

그런데 이 유머라는 것도 적재적소에 잘 발휘를 해야 강점이 되잖아요. 엄한 데 가서 제가 시도 때도 없이 막 그렇게 던지면 진짜 실없는 사람 되는 거겠죠. 예전에 제가 미성숙했을 때는 그 선을 사실 좀 왔다 갔다 했죠.

지금은 분위기를 봐요. 그게 성숙함과 미성숙함의 차이인 것 같아요. 예전에 제가 성숙하지 않았을 때, 물론 사실 지금도 성숙해 가는 과

서랍에 넣어둔 나를 찾았습니다

정이지만요(웃음). 어렸을 때 동생들하고 함께 있을 때는 제가 툭 한 마디 던져서 막 웃으면 그게 너무 좋으니까 계속 던졌단 말이에요. 그런데 돌아보면, 그게 누군가에 대한 공격인 경우가 많았어요. 저는 주변 사람들이 웃으니까 다 같이 웃긴 거라고 착각을 했던 거죠.

지금 와서 생각해보니, 제가 너무 큰 실수들을 했다는 생각이 들어요. 제 유머의 대상이 된 사람은 즐겁지 않았겠다는 생각도 들고, 같이 있던 친구들은 '나도 이런 타깃이 될 수 있겠다'라는 생각에 겁을 먹지 않았을까 싶거든요. 게다가 그때는 뼈 있는 말을 담아서 던졌기 때문에 유머라는 그럴듯한 포장지에 날카로운 무기를 담아서 건넨 셈이죠. 웃긴 했지만 그 이면에는 아마 저에 대한 두려움도 있었을 것 같아요. 그때, 정말 왜 그랬을까 싶습니다,

지금은 머릿속에 멘트가 툭툭 떠올라도 가볍게 던지지 않아요. 오히려 진행하고 강의를 하는 일이 잦아지면서 강점을 더 잘 조절하며 발휘하게 되더라고요. 내가 하고 싶어 하는 일에 발휘되는 강점이기에 정말 잘 사용하고 싶어요.

소 작가_ 저는 <유퀴즈>에서 유재석이 진행하는 걸 보면 '아, 저런 모습이 진짜 성숙한 유머구나'라는 생각을 해요. 가볍게 유머를 던지지 않고 시의적절하게 유머를 던지는 모습이 진짜 좋더라고요.

꿈달_ 맞아요, 진행자로서의 유재석이야 너무나 탁월하고 깊죠.

저도 코칭을 배우기 전에 강의나 진행을 할 때와는 조금은 달라지고 있는 거 같아요. 지금은 제가 듣고 싶은 걸 들으려고 하는 게 아니라 저와 같은 공간에 있는 사람들이 무엇을 말하려고 하는지를 귀담아 들으려고 해요. 실제로 말하는 건 저여도, 사람들의 이야기에 귀를 기울인다는 건, 굉장히 모순적으로 들릴 수도 있겠죠.

그러나 그렇게 사람들의 이야기에 귀를 기울여야 유머를 던지든 감동적인 이야기를 던지든 정보를 전달하건, 제대로 전할 수가 있겠죠.

소 작가_ 어쩌면 그 모순적인 상황을 늘 인지해야 좋은 강사 좋은 코치가 될 수 있지 않을까 싶네요.

오늘의 마지막 질문을 드리려고 합니다. 코치님이 제가 드린 사전 질문 "코치로서 희열을 느끼는 순간은 언제인가요"라는 질문에 대해서 이렇게 답을 주셨어요.

"마이크를 잡고 다른 사람들과 소통하며 그들의 성장을 돕고 웃음을 주며 편안하게 만들어주는 경험을 할 때 제 안에 에너지가 가득 차게 됨을 깨닫게 되었습니다."

코치님과 쭈욱 인터뷰를 진행하며 위에서 주신 답의 의미를 더 깊이 알게 되는 거 같아요. 어떤 사람들이 존재하고 또 그들과 소통하고 그들의 성장을 돕고, 그 안에 웃음을 만들어가고, 그러한 부분이 코치님이 희열과 행복을 느끼시는 포인트 같아요.

서랍에 넣어둔 나를 찾았습니다

제가 제대로 본 거 맞나요?(웃음)

꿈달_ 코칭을 시작했을 때와 끝났을 때 에너지가 달라지는 걸 제가 같이 느낄 때 희열을 느껴요. 그 부분들이 비언어적인 형태로 보이잖아요. 목소리 톤도 그렇고, 일단 표정도 상기되어 있는 경우가 있고요. 그래서 저는 강의 소감문 같은 걸 짧게라도 꼭 받는 편이에요.

"제가 이렇게 강의했지만 강의 완성은 참가자분들이라고 생각합니다. 그래서 오늘의 마무리는 여러분들이 어떤 걸 느끼셨는지 짧게라도 정리해보는 시간을 가지려고 합니다"라고 요청하죠. 그렇게 요청한 소감문을 읽으며 '아, 이분이 이런 부분을 새롭게 알아가시는구나'를 알게 되고 그 에너지를 가지고 활력 있게 살아가시는 모습을 보는 게 너무나 행복해요.

물론 살면서 다시 고꾸라지기도 하겠죠. 그래도 내가 새롭게 시작했던 경험이 한 번이라도 있다면, 똑같은 일이 발생했을 때도 '내가 또 그렇게 할 수 있겠다'라는 가능성을 자기 안에서 찾을 수 있거든요. 그래서 그런 걸 꼭 기억하시라고, 저는 항상 강의 마무리에 말씀드려요.

그렇게 자신감들을 얻어가시는 모습 자체가 저한테 보상인 것 같아요. 2~3시간 서서 강의해도 제 에너지가 올라가 있음을 너무나 확연히 느끼니까요.

소 작가_ 코치님은 다른 코치님들에 비해서 웃음이 좀 더 중요할 듯

해요(웃음).

꿈달_ 그렇죠(웃음). 웃으면서 끝나야 하는 부분이 분명 있어요. 저는 무겁지 않게 하고 싶어요. 그게 가볍다는 게 아니라, 경직된 긴장감 없이 참가자분들이 편안한 이완을 경험했으면 하거든요.

그렇게 가뿐하고 즐겁게 의미를 발견하고 자신감을 얻어가신다면, 저로선 최고의 행복 아닐까요?

서랍에 넣어둔 나를 찾았습니다

강의장에 계신 분들과 소통할 수 있는 노하우

"억지로 잘 보이고 싶은
생각은 없어요"

소 작가_ 코치님, 어느덧 마지막 인터뷰에 도달했습니다. 무슨 질문을 드릴까 하다가, 아주 실질적인 질문을 드리기로 했어요.

강의장에서 만나는 분들과 소통하는 법, 다르게 표현하자면 그들 한 명 한 명과 잘 연결되는 노하우를 듣고 싶습니다.

꿈달_ 어쩌면 강의하시는 분들이라면 너무 당연하게 알고 계실 내용일 텐데요. 저는 강의 의뢰가 오면 강의 현장이나 강의 대상에 대해서 적극적으로 물어봐요. 제가 홈페이지를 찾아보기도 하고요. 참여자들의 사진을 볼 수 있으면 어떻게든 좀 미리 보려고 하기도 하죠. 그리고 강의 담당자분한테는 반드시 분위기를 물어봐요. 얼마나 된 단체인지, 친밀도는 서로 어떠한지, 남녀 비율이 어떠한지, 이런 부분들을 중심으로 물어보죠.

그리고 강의 시작 시간보다 일찍 가서 현장 분위기를 먼저 보려고 해요. 강의자로서 내가 준비하는 부분이 실제 공간에서 어느 정도 수용이 가능한지를 파악하는 거죠. 그런 부분들을 사전에 파악해야 자신감을 갖고 강의를 할 수 있으니까요. 또한 참여자들이 자발적으로, 정말 꼭 들

서랍에 넣어둔 나를 찾았습니다

어야 하는 교육이라 신청해서 오시는 분들인지를 파악해요. 그 부분에 따라서도 준비하는 내용들이 달라질 수 있으니까요. 때론 이런 기본적인, 본질적인 부분에 느슨해지는 순간 강의의 질이 떨어지게 되어 있죠. 내가 강의를 편하게 생각하는 순간, 대하는 태도가 달라지는 것 같아요.

강의가 실제로 시작되면 저에 대한 이야기를 좀 편안하게 풀어놓아요. "제가 그렇게 대단한 사람이 아니다" 이런 이야기를 하면서 가볍게 시작하려고 하는 편이죠. 그러면서 '왜 이 강의를 들어야 하는지, 어떤 점들이 달라지기를 기대하는지' 등을 토대로 공감대를 형성하면서 진행해요.

소 작가_ 예, 그리고 강의 현장이란 게 사실 강의를 하는 사람과 강의를 듣는 사람간의 기운이 부딪히는 현장이기도 하잖아요. 그리고 결국 강의를 진행하는 사람과 강의를 듣는 사람 간의 연결이 잘 안 된 상태로 끝날 때도 있다고 봐요.

혹시 그러한 상황이 발생했을 때 어려운 분위기를 돌파하는 코치님만의 노하우가 있을까요?

꿈달_ 맞아요, 그 기에 눌리면 강의가 힘들어지긴 해요. 그렇다면 그러한 부분을 저는 어떻게 돌파하느냐, 어쩌면 저의 이야기가 식상하게 들리실 수도 있을 거 같은데요. 저는 굉장히 감사해하면서 강의장에 가요. 제가 뭐라고, 이런 분들한테 강의를 하지? 그런 고마운 마음으로 가죠.

그렇다고 억지로 잘 보이고 싶은 생각은 없어요. 그러면 비굴해지기도 하니까요. 그럼에도 불구하고 감사한 마음이 드는 건, 제가 꿈꾸던 순간이기 때문이에요. 내가 강의를 하고 있는 이 순간이 바로 내가 기도하고 바라고 마주하고 싶던 순간이라는 걸 잊지 않으려고 해요. 내가 꿈꾸던 그 무대에 '지금' 서 있다고 인식하는 거죠. 그러니까 강의를 소홀히 할 수 없고 한 분 한 분과 눈을 맞추게 돼요. 왜냐하면 여기서 뵙고 나면 언제 또 볼지 모르는 분들이잖아요.

이건 단순히 잘 보이려는 개념하고는 조금 달라요. 진짜 이 순간에 집중하는 거죠. '내가 이분들을 만나기 위해서 그동안 노력들을 했고 꿈을 꾸었고, 그 모든 순간순간이 다 맞아떨어져서 내가 지금 이 자리에 있다'는 생각을 하면 한순간도 놓칠 수가 없는 거죠. 대충 할 수가 없는 거예요.

이러한 제 마음가짐을 알아봐 주시는 분들이 계시니 아무것도 없던 제가 강의를 할 수 있는 거겠죠?(웃음)

소 작가_ 제 예상보다 훨씬 더 본질적인 다짐이네요.

꿈달_ 때론 강의안을 준비하며 엄청 힘들고 스트레스 받을 수 있잖아요. 강의 제안을 받으면 강의하는 순간까지 내내 강의 준비에 집중해야 하니까요. 하지만 '너 강의하고 싶어서 매일 그렇게 기도하고 울었잖아. 그랬던 네가 강의안을 만들고 있어. 얼마나 감사한 일이니? 얼마 전까진 상상도 못했던 일이야!' 이런 생각을 놓치지 않는 거예요. 사람은 살만하

서랍에 넣어둔 나를 찾았습니다

면 중간중간 또 잊어버리곤 하니까요.

소 작가_ 이 자리에 대한 소중함 혹은 간절함 같은 걸 놓치지 않는 거네요.

꿈달_ 그걸 기억하는 한 정말 한 분이 오시더라도 대충 할 수가 없는 거예요.

소 작가_ 순간, 배우 이정재가 했던 말이 떠오르네요. "슬럼프가 온 적이 없었는지" 질문을 받자 이정재가 "내가 하고 있는 일에 대한 감사함을 잊으면 슬럼프가 오는 거 같다"고 하더라고요. 당시 그 말을 들으며 굉장히 와닿았거든요.

꿈달_ 맞아요. 나에게 당연한 이 자리가 누군가에겐 소중하고 간절한 자리잖아요. 누군가는 이 자리를 위해서 아직도 노력하며 제안서를 내고 있을 텐데 나는 진짜 내가 의도하지 않았는데 이런 감사한 연결이 이루어지고 기회가 주어진 게 얼마나 큰 행운인지를 잊어버리는 순간, 내게 주어진 강의를 함부로 하게 되는 것 같아요.

　그걸 잊어버리는 순간 '내가 너보다 위에 있어. 우월해. 뭔가 알려줄게' 이런 자세를 취하게 된다고 봐요. 괜히 누군가의 태도가 눈에 거슬릴 수도 있고요. 반대로 '이렇게 부족한 사람이 얘기하는데도 이렇게 와서 졸기라도 하시고, 여기 앉아 계시는 것만으로 너무 감사하네'라고 생각하면 꾸벅 조는 분을 봐도 '저 분이 얼마나 피곤하실까, 일하시다 말고 와서 들으시는 건데' 이런 마음을 품을 수 있게 되는 거죠.

저는 강의를 마친 후에 블로그나 sns에 후기를 남겨놓는 편인데, 그 후기를 강의 담당자께 공유해드려요. 강의를 들으신 분들과 공유가 가능한 상황이라면 (오픈채팅방이나 커뮤니티가 있다면) 그 분들께도 공유합니다. 제가 어떻게 강의를 준비했고 강의진행과 마친 후 어떤 감정과 상태인지, 어떤 고마운 마음을 가지고 있는지 사진 등을 통해 정리해놓은 내용들이거든요.

저는 마음이 공유되고 감정을 나누는 게 중요하다고 생각하는 사람이라 이렇게 마무리하고 열린 결말을 내는 걸 좋아해요.

그리고 사람은 대부분 '기브 앤 테이크'잖아요. 내가 이 사람한테 뭔가 얻을 게 있어야 좀 더 잘하고 싶을 때가 많죠. '이 사람이 진짜 진짜 딱 말 한마디만 해줘서 나를 강의로 연결해 주면 얼마나 좋을까? 내가 뻥 뚫릴 텐데!' 이런 기대감이 있기 때문에 그 사람한테 잘 보이고 싶단 말이에요. 그런데 제가 지금까지 경험한 바에 의하면 그런 분들은 저를 도와주지 않거든요.

오히려, '진짜 쟤한테는 나올 게 하나도 없어'라고 생각했던, 어쩌면 아주 건방진 생각을 하면서 내가 누군가를 바라봤는데 그 사람이 진짜 생각지도 않게 저에게 강의를 연결해 주는 경험을 한단 말이죠. 그러니까 더더욱 진짜 누구 한 명도 함부로 대할 수 없는 거죠.

누군가는 날 보고 있으니까요, 정말 생각지도 못한 누군가가요.

서랍에 넣어둔 나를 찾았습니다

소 작가_ 맞아요, 그러한 자세야말로 우리가 누구를 대하든, 그곳이 강의장이든 아니든 정말 소중히 한 존재를 대하게 만드는 비결 아닐까 싶어요. 반드시 무엇을 얻기 위해서가 아니라, 그 자체로 소중한 자세 아닌가 싶습니다.

꿈달_ 예, 그리고 내가 나를 알아주는 게 중요하다고 봐요. 우리가 사람이기 때문에 계속 움직이고 있고 성장과 쇠퇴를 반복하잖아요. 즉, 계속해서 변화하고 있는 거죠. 그래서 수년 전에 저를 봤던 분들과 또 지금의 저를 만나는 분들은 저를 다른 존재로 생각하실 거예요. 실제로 그렇게 수년 사이에 강의 내용도 달라졌겠죠.

강의를 할 때 나 자신이 그렇게 변화하는 존재라는 걸 스스로 수용하고 받아들일 줄 알아야 다른 사람들의 변화나 성장도 자연스럽게 수용할 수 있다고 봐요. 그렇게 보았을 때, 내가 강의장에서 만나는 분들도 제가 함부로 평가할 수 있는 존재가 아닌 셈이죠. 그 분들이 어떠한 존재가 될지 아무로 모르잖아요.

결국, 모두가 제겐 열어보지 않은 선물인거죠.

소 작가_ 그렇다면, 저도 선물인 건가요?(웃음)

꿈달_ 그럼요, 특히나 이 책을 읽게 될 독자분들이 그러하죠!

가장 자연스러운 나만의 빛을 내기 위한
마음근육을 키우는 방법

내가 좋아하고 사랑하고 하고 싶은 일들을 발견하고 그렇게 살고 싶다고 결심한 이후에도, 우린 수많은 변수와 '이럴 수 밖에 없지'라고 생각하게 만드는 많은 일들과 맞닥뜨리게 된다. 어쩌면 누군가 날 막아주길 은근히 바랄 수도 있다. 우린 변화를 좋아하는 것 같지만 그것을 향해 달려갈 에너지를 모으고 집중하기가 쉽지 않다. 그냥 살던대로 습관대로 익숙한대로 지내는 편이 마음은 더 편할 수도 있다.

나 또한 내가 정말 원하는 것을 발견하고 처음 느꼈던 그 짜릿함과 감동을 잊을 수 없었지만 15년 다니던 회사를 그만두려고 했을 때의 막막함과 '진짜 이게 맞을까' 하는 의심은 끊임없이 날 따라왔다. 대학원 진학을 앞두고도 '부모님이 반대하면 어쩌지?'(이 나이에 허락받을 생각도 없었지만 그래도 걱정은 되었다) 마음이 쓰였다. 그러나 처음으로 내가 원하는 것을 담담하게 말하고 "이 길로 가려고 한다"고 이야기했을 때 부모님과 주변 사람들도 제대로 된 나만의 주장에 놀라 얼떨결에 응원했을지도 모르겠다. 이것은, 그동안 그렇게 많은 이야기를 쏟아냈음에도 정작 내 얘기는 하지 않았다는 반증이기도 하다.

새롭게 무언가를 한다는 것은 그만큼 스트레스가 계속 따라온다는 뜻이기도 하다. 그래서 반드시 내 마음 근육을 키워서 그 때마다 내 탓도 남 탓도 하지 않고 묵묵히 지나갈 수 있는 마음체력을 유지해야 한다. 내가 바꿀 수 있는건 내 마음과 생각뿐이기 때문이다. 내가 경험한, 마음근육을 키울 수 있는 몇 가지 방법을 소개해드리려고 한다.

첫째, 나의 감정(특히 부정적인 감정)을 순간순간 알아차리려고 의식적으로 노력하자.

알아챈 후엔 거기에 오래 마음을 두지 말자. 부정적인 감정을 느끼는 건 지극히 자연스러운 것이고 감정은 옳고 그름의 문제가 아니다. 그러나 인식한 후에도 거기에 머무르기로 마음 먹는다면 결국엔 내 생각과 행동에 영향을 주어 내 선택과 관계들에 영향을 줄 수 밖에 없다. 부정적인 감정을 억누르라는 것이 아니라 자연스레 흘러갈 수 있도록 내버려 두라는 것이다.

내가 할 수 있는 일과 없는 일을 구별하고 작게라도 내가 결과를 만들어낼 수 있는 것을 찾아보자. 찬찬히 방을 둘러보며 책상 정리를 할 수도 있고 계절이 지난 옷을 정리할 수도 있고 아주 작게는 산책을 하거나 냉장고에 있는 재료로 나만을 위한 음식을 만들어 스스로 대접할 수도 있다. 네일아트를 받으며 내가 원하는 색으로 나를 꾸밀 수도 있다. 여기서 중요한 것은 '내가 선택할 수 있는 것'을 고르는 것이다. 그러면서 나에게 주어지는 기분 좋은 충만감과 자신감은 어느새 내 몸과 마음을 일으킬 것이다. 마치 책상 모서리에 엄지발을 찧은 아픔과 짜증이 영원하지 않은 것처럼, 부정적인 감정 역시 지나가버리게 될 것이다. (참고로 나는 특정 동물 동영상을 선택해 보며 히죽거리는 것을 좋아한다.)

둘째, 행복한 순간을 미루지 말고 지금 현재를 누리는 것이다.

우린 최고의 순간을 항상 미루는 경향이 있다. '이것만 끝내면, 이것만 정리되면, 이것만 달성하면 그 때 못해본 것을 다 해봐야지' 하며 마음 먹고 참는다. 지금 내가 마시는 커피 한 잔을 오감으로 느끼기만 해도 우린 최고의 순간을 경험할 수 있는데 말이다. 강아지 별로 떠난 나의 반려견 봄이 이야기를 나눠본다. 3162일을 함께 했던, 사랑 그 자체였던 나의 반려견 봄이와 우리 가족은 정말 시간이 날 때마다 근교로 드라이브를 가고 나의 강의가 지방으로 잡히면 어떻게 해서든지 일정을 맞춰 짧게라도 여행을 하며 함께 했다. '다음에 가면 되지'가 아니라 오늘 이 시간의 이 날씨와 하늘은 그리고 우리의 컨디션은 지금만 누릴 수 있다는 걸 진작 알았기에 더 의식적으로 그 찬란한 일상을 누렸다. 그래서 다른 반려인들이 겪는다는 '펫로스 증후군'을 우리 가족은 잘 이겨내고 있다. 물론 매순간이 그리움이고, 종종 울어제끼는 내가 당황스럽기도 하지만 함께 했던 추억을 이야기하며 웃고 수천 장쯤 찍어둔 사진과 동영상을 보며 시간을 보내기도 한다. 지금은 이렇게 애도해야 할 때임을 알기에 충분히 그렇게 하고 있는 것이다.

슬퍼하는 것도, 미루면 안 되니까.

셋째, 우리에게 당연한 순간은 하나도 없다는 것을 기억해야 한다.

내가 누리는 모든 것은 누군가의 보이지 않는 배려와 기도와 바람이 있었기에 가능한 것이다. 보이지 않는 그 손길을 기억하며 기억에서 그치지 않고 감사의 마음을 자주자주 표현하자. 거창한 것이 아니어도 된다. 언덕길을 무사히 넘어가는 마을버스 아저씨에게, 계산을 틀리지 않게 해주는 편의점 할아버지에게, 나에게 시원한 바람을 제공하는 선풍기에게, 교실 밖을 나가지 않고 엎드려 자고 있는 학생에게, 내가 기분 좋지 않은 걸 알고 내가 좋아하는 믹스커피를 황금비율로 타주는 동료에게, 바닥에 흘리지 않고 배변판에 '쉬야' 해주는 강아지에게,

"고맙다"고 "감사하다"며 다가가 인사하는 건 작은 것도 소중히 여길 줄 아는 나 자신의 자존감을 올려줄 뿐 아니라 감사의 대상에게도 삶에 대한 의욕을 올려주는 탁월한 방법이 된다. 감사와 칭찬이 다른 것은 칭찬은 내 기준에 마음에 드는 부분과 옳다고 생각되는 것에 대한 나의 긍정적 평가가 들어가는 것이지만 감사는 어떤 행동이 나에게 영향을 주어 내가 긍정적 감정을 느끼게 된 것을 말한다. 그렇기에 그 대상은 나의 삶이 풍요로워지는 것에 기여한 셈이다.

story

감사를 표현할 때 구체적 상황을 묘사하고 그때 느낀 나의 감정과 어떤 부분이 나에게 충족이 되었는지 이야기하면 그 상대 또한 그 순간 함께 주인공이 되는 마법이 일어난다. 그와 내가 연결되는 것이다.

넷째, "~해야 해"라는 말보다 "난 ~를 원해"라는 표현을 자주 쓰자.

우리의 삶은 내가 생각하는대로 이루어진다. 억지로 누군가에 의해 하게 되는 상황이 되더라도 "내가 그것을 하기로 선택했다. 난 ~를 하길 원한다"는 말로 바꾼다면 난 어느새 주도적으로 주인의식을 가지고 행동하게 된다. "아 내일 일찍 일어나야 되는데"라는 생각은 밤새 날 뒤척이게 하며 핸드폰을 수없이 확인하게 할 뿐이다. "난 내일 일찍 일어나길 원해. 그래서 내가 하고 싶은 일들을 더 수월하게 해낼 거야"라고 나에게 생각 대화를 할 때, 우리의 몸과 마음은 실제 그렇게 될 확률이 훨씬 높아진다. 우리의 뇌는 사실과 생각을 구별하지 못하기에 내가 원하는 모습을 구체적으로 상상하고 이야기한다면 누군가에게도 내가 원하는 바를 표현하고 알린 셈이 되기 때문에 그 일이 일어날 확률은 훨씬 높아진다.

몇 년 전 한 모임에 가야 할 일이 있었는데 정해진 날짜가 다가오니 내가 생각한 형태의 모임이 아니라 시간낭비가 될 것 같아 '핑계를 대고 안 갈까' 하며 한숨지었던 때가 있었다. '가야 하나? 흠, 가야 되는데'라는 생각이 들어오기 시작하니 미간을 찌푸리고 한숨 쉬며 준비도 미루고 있는 날 발견했다. 하지만 난 이런 나의 상태를 인식하고, 배운대로 "한번 ~을 원해"로 바꿔보자는 시도를 해봤다. 이 모임의 좋은 점을 생각하며 포스트잇에 적었다.

'낯선 사람들이지만 배울 것이 있다. 좋은 인연을 만날 수 있는 기회다. 집 근처라 가깝다. 외출로 분위기 전환이 될 것이다.' 좋은 점 몇 개가 보이니 나의 행동과 감정이 달라졌다. 난 이 모임에 가기로 선택한 것이다. 준비를 재빨리 하고 도착해 모임에 참석했고, 적극적인 활동을 하며 조 발표까지 내가 맡게 되었다. 그런데 무슨 일이 일어났을까?

나의 발표를 본 한 분이 그 동안 내가 재정과 시간 때문에 듣길 망설이고 있던 퍼실리테이터 교육을 들어보라고 제안을 해주셨다. 내 발표가 인상적이었다면서. 알고 보니 내가 사는 중구에서 그 수업을 무료로 진행하고 있었고 마침 한 명이 취소해서 자리가 있다면서 내가 그것을 들으면 도움이 될 것 같다고 권해주셨다. 그 분이 그 프로그램 담당자였던 거다. 외부에서 내가 찾았다면 비용도 발생하고 멀어서 가기도 귀찮았을 텐데 집 근처에서 양질의 수업을 무료로 들을 수 있다니 안 할 이유가 있었겠는가!

마지막으로, 자기만의 퀘렌시아(Querencia)를 가지는 것이다.
퀘렌시아는 "안식처"라는 뜻을 가진 스페인어로 투우경기장에서 투우사와 싸우다가 지친 소가 잠시 숨 고르기를 하는 곳이며 가쁜 숨을 몰아쉬고 회복한 후 다시 경기장으로 나가 싸우는 곳이다.

story

내가 즉각적으로 떠올리기만 해도 나의 회복과 충전을 보장하는 장소, 시간, 사람, 물건, 활동 등이 무엇인지 나의 취향을 적극적으로 알아가는 것은 꽤나 중요하다. 나는 층고가 높은 남산도서관의 통창을 좋아한다. 적당히 땀을 낸 후 뜨거운 물에 샤워를 하는 것을 좋아한다. 돌체라떼 한잔이면 조금은 흥분된 마음을 가라앉힐 수 있다. 하지만 이것은 저절로 알아지는 게 아니다.

아이러니하게도 이 모든 것은 내가 철저히 혼자였을 때, 외롭고 쓸쓸했을 때, 누굴 만날지 몰라 혼자 방황하며 돌아다니다 알게 된 것들이다. 집 뒤에 한강이 보이는 정자에 올라가면 '오늘 나에게 닥친, 해결해야 하는 문제도 어떻게든 되겠지'라는 마음이 생긴다. '뭐 어쩌라고?' 하는 근거 없는 용기가 생기기도 한다. 예전에 온라인 수업에서 만난 분 중에 한분은 식구들이 모두 나간 시간, 혼자 식탁에 앉아 있는 그 순간이 너무 좋다고 말해주셨다. 그리고 나서 갑자기 내가 원하는 취향의 식탁으로 바꿔야겠다며 함박웃음을 지으셨다.

여러분만의 퀘렌시아는 어디인가?

story

epilogue

2022년 9월, 페이스북 메시지가 날아왔다.

"코치님, 안녕하세요. 소재웅 작가입니다. 한번 뵙고 싶은 마음에 연락 드렸습니다. 한번 뵈면 좋겠다 좋겠다 늘 생각하던 중, 가을이 가기 전에 뵈면 좋을 거 같아서요. 편하실 때 답신 부탁드려요. 소재웅 드림."

<사하라 비전연구소>에서 스텝으로 활동하며 강의에서 1주차 수업 때마다 '모범 사례'로 등장했던, 그래서 혼자 내적친밀감을 느끼던 소재웅 작가님과 이렇게 연결이 되었다. 당시 나는 코칭과 강의로 다루고 있던 '소통과 마음에 대한 이야기들'을 한번쯤 정리하고 싶은 생각이 들었던 터라, 이 메시지에 답하지 않을 수 없었다. 그렇게 소재웅 작가님과의 집필 작업이 시작되었다.

그리고 이 책의 내용이 거의 다 정리되고 완성되어 갈 때쯤 내 마음의 안식처와 다름없는 나의 강아지 봄이가 몇 달을 아프다가 강아지별로 소풍을 가게 되었다. 정신을 차릴 수 없었다. 마음먹고 예상했던 것을 뛰어넘는, 정말 처음 느껴보는 폭풍 같은 감정들이었다. 길을 걷다가도, 버스를 타서도, 따뜻한 햇살을 쬐면서도 갑자기 눈물이 주르륵 흐르며 심장이 오그라드는 것 같은 기분이었다. 태어나 처음 느껴보는 아픔이었고 슬픔이었다. 엄청난 상실이었다. 하지만 난 그 순간이 지나면 눈물을 닦고 아

서랍에 넣어둔 나를 찾았습니다

무렇지 않은 듯 일상을 살아갔다.

이제 한 달이 좀 지났다. 그리고 깨달았다. 만일 내가 나 스스로와 소통하는 방법을 배우지 못했다면, 목적이 있는 삶을 살아가고 있지 못했다면, 사람들 속에서 행복을 찾는 나의 외로움을 외면하려고 하는 사람이었다면, 이렇게 내 일상을 살아낼 수 있었을까?

아마 책 출간을 미뤘거나 모든 스케줄을 취소했거나 내 방 침대에서 나오지 않은 채 봄이 사진만 쳐다보며 내 슬픔을 누군가 알아주길 바라며 그 감정에 잠식되어 있었을 것이다.

하지만 내 마음의 요동침이 아주 자연스러운 것이라는 것을 '펫로스'에 관련된 책을 보며 이해하게 되었고 받아들이게 되었기에 일상을 살아낼 수 있었다. 섬세하게 흘러가는 나의 감정을 충분히 인지하고 수용하며 이 또한 자연스럽게 지나가는 것임을 알게 되었기에 이렇게 하루하루를 보낼 수 있었음에 오히려 감사해하고 있다. 아무렇지 않은 척하는 것이 아니라 "힘들다"고, "지금은 좀 어렵겠다"고 배려를 부탁했다. 그리고 타인의 배려에 감사를 표현하면서 그렇게 속도를 조절해가며 내 일상을 이어나가고 있다. 나의 부정적인 감정이 문제가 아니라 감정적으로 삶을 살아가는 것이 얼마나 나와 타인에게 안타까운 상황들을 만들어내는지 이제는 알게 된 것이 참 다행이란 생각이 든다.

나만의 별을 찾아 나만의 빛을 내는 사람들은 지금 내가 무엇을 해야 하는지 안다. 서랍에 있던 나와의 소통을 통해 나를 공감해주는 사람은, 내가 겪은 비슷한 아픔을 가진 사람들을 새롭게 바라보며 공감할 수 있고, 그들에게 내가 할 수 있는 것을 기여할 수 있는 마음의 그릇을 가지게 될 것이다. 그래서 나를 함부로 대하지도 않을뿐 아니라 타인의 삶도 존중하며 인정해준다.

'서랍에 있던 나'와 마주하는 것에 용기가 필요한 독자들이 있다면 든든한 지지자가 되어줄 내가 있으니 너무 좌절하지 말라는 이야기를 해주고 싶다. 그리고 내가 아니더라도 가까운 곳에 분명 그대들이 도움의 손길을 내밀면 기꺼이 잡아줄 한 사람이 있다는 것을 잊지 말길.

부디, 용기를 내어
자연스럽고 풍요로운 삶을 누려보시길 응원한다.

2023년 11월
꿈달 코치 이은숙